그림으로 보는 바이블 드라마

천년의 신비
성서화

강정훈 지음

Biblical Art

한국장로교출판사

그림으로 보는 바이블 드라마

천년의 신비
성서화

지난 40년 동안 나에게 주신 특별한 소명처럼 성경의 메시지를 담은 헌책과 작은 그림을 모으며 살았다. 그 이유를 떠올려 보니 양화진 외국인묘지에 묻힌 선교사들을 보며 목숨을 걸고 이 땅에 전한 기독교가 어둡던 우리 역사 속에 개화의 밝은 빛을 전한 것이 고마워 그들의 고난의 흔적과 성경을 조금 더 알아야겠다는 생각이 그 시작이었던 것 같다. 그때부터 옛 그림의 단편이라도 소중하게 여기며 조각조각 모으기 시작했다. 젊은 시절 해외에 갈 기회가 생기면 미술관과 헌책방을 꼭 찾았으며, 미술관과 수도원에서 중세나 르네상스 시대의 신구약 성경을 소재로 한 그림을 찾으면 그림엽서라도 꼭 수집하였고, 잃어버린 진주를 찾은 듯 개화기 때에 조선에 온 외국 선교사의 저서를 발견하면 사오곤 하였다. 감사하게도 1989년부터 뉴욕에서 근무하며 주말이면 미국의 여러 도시를 여행하며 유태인 박물관이나 모건 도서관 등을 방문하여 성경그림을 찾아다녔다. 그러다 개신교 관점에서 본 성서화 자료가 정의되는 결정적인 계기가 있었으니 바로 뉴욕과 댈러스의 성서화박물관Museum of Biblical Art을 알게 된 이후부터이다. 머리로만 그리고 있던 성서화의 개념을 구체화시켜 준 사고의 전환점이 되었다.

귀국 후 1993년에 미암교회에서 한국에서는 처음으로 '성서화 전시회'를 개최하고, 기독교 월간지 「새가정」에 "성서화 감상"을 연재하기도 하였다. 이때 '성서화'Biblical Art란 용어가 언론을 통해 국내에 처음 소개되었다. 「기독일보」에서 2012년 7월 이후 지금까지 80여 회가 넘는 "강정훈의 성서화 탐구" 시리즈를 연재하였다. 지금까지도 '서울 성서화 라이브러리'라는 블로그

천년의 신비, 성서화를 발간하며

를 운영하며 수집한 선교사료와 외국성서화 자료를 소개하고 있다.

앞만 보고 정신없이 달려온 삶이었는데 어느 날 정신을 차리고 보니 문득 내가 가진 자료와 사유들을 정리하고 싶어졌다. 우선 그간 모은 선교사 저서를 비롯한 고서들을 2011년 숭실대학교 한국기독교박물관에 잘 보관해 달라고 맡겼다. 대학에서는 이듬해에 책 속의 사진과 그림을 엮어 "영천 강정훈-초기선교사료 및 한국학 기증문고 특별전"을 개최해 주었다. 남은 성서화 자료는 또 다른 안식처를 마련해 주기 전에 발표한 자료를 간추려 보기로 하였다. 그 첫 결과물이 이 책이다.

성서화Biblical Art는 기독교의 경전인 성경에 기록된 인물이나 사건과 교훈을 그림이나 조각 등으로 표현한 '성서를 주제로 하는 미술'이다. 따라서 성경에 기록이 없는 성인이나 기적까지 모두 공경하는 가톨릭교회의 성화와는 엄격히 구별되는 교회미술이 개신교가 말하는 성서화이다. 성서화는 아름답고 재미있다. 특히 중세 필사본에 그린 삽화는 화장기 없는 민낯으로 순진하고 고난 속에서 어렵게 태어난 그림이라 슬프기도 하다.

중세교회의 성경은 일반 신자들은 읽을 수 없었던 고가의 필사본이었다. 그러나 당시 성경에는 아름다운 장정과 삽화가 많이 그려져 있었다. 교황 그레고리오 1세가 "문맹자들에게 그림은 글을 읽을 줄 아는 사람들의 글과 같다"고 말한 것처럼 일반 신자들에게 성경의 삽화는 오늘날의 어린이 그림책

같이 '그림으로 보는 성경책'의 역할을 하였다.

황야나 외딴섬, 한적한 산 속에 있던 수도원, 그 정적 속에서 주님을 우러러보며 희미한 불빛 아래 성경을 필사하며 평생 그림을 그리던 필사가와 삽화가들이 있었다. 그들은 성경을 읽어 보지도 못하던 가난한 자와 문맹자를 위해 성경에서 감동을 받거나 어려운 부분에 삽화를 그려 넣었다. 그 채색 필사본은 암흑의 중세는 물론 역사적으로 수많은 사람을 감동시켰다. 그래서 성서화는 참으로 신비하다. 6세기의 '비엔나창세기', 8세기의 '린디스판복음서'와 10~11세기의 '베아투스묵시록 주해서의 삽화사본' 등 천년이나 지난 성서그림을 대하고 있노라면 나도 모르는 사이에 가슴이 열리고 눈이 밝아진다. 성서화의 매력은 추상적이고 희미하던 새 하늘과 새 땅이 조금씩 마음속에 실체로 다가오게 하여 영혼이 자유로운 인간이 되게 하는 힘이 있다.

추천의 글을 써 주신 김동길 교수님, 유영렬 교수님, 감수해 주신 정우 목사님과 장세규 목사님은 인생의 스승이요, 성서화를 통한 선교에 큰 힘을 주신 분들이다. 이분들에게 감사한 마음이다. 무엇보다 부족한 점이 많은 이 책이 세상과 한국교회 앞에 나온 것은 한국장로교출판사 채형욱 사장님과 정현선 국장님의 배려 덕분이며 이 책이 나오기까지 수고한 직원분들께 저자로서 깊은 감사를 드린다. 그리고 평생 믿음과 사랑의 동반자인 박안자 권사와 상범, 지연, 수연에게도 고마운 마음을 전한다.

마지막으로 이 책을 양화진에 묻힌 선교사 가족 여러분과 한국교회 앞에 증정한다.

2016년 9월
영천 강정훈 교수

천년의 신비, 성서화를 발간하며 / 2
추천하는 글 / 10, 12, 감수의 글 / 14

서론 성서화란 무엇인가? 16
성서화는 종교개혁 이전의 그림성경이다 18
성서화는 말씀을 경험하는 데 유익하다 26

제1장 인간으로 오심을 그리다 32
젖을 먹고 있는 아기 예수 34
동방박사 수수께끼 41
기다림—내가 진실로 속히 오리라 48
엄마 간지리워요 54
검은 성모에 목말 탄 아기 59
+플러스 초기교회의 기독교 미술 66

제2장 예수와 함께한 이들 70
피난길의 동행자 72
누가 바람을 본 적이 있는가? 78
석양에 어깨동무해 주는 친구 82
뱀들아, 독사의 새끼들아 87
+플러스 사복음서의 상징인 네 가지 생물 92

제3장 성경의 여인들 96
사랑을 찾아 먼 길을 온 처녀 리브가 98
입다의 딸, 그 슬픈 사연 103
춤추는 여인들 보쌈하기 108
당신이 바로 그 사람이라 114
내 사랑 너는 어여쁘고도 어여쁘다 120
딸이 태어났을 때 받는 축복 128

차례

제4장 선택받은 구약의 인물들 · 134
그분은 육식을 좋아하시는지—아벨 · 136
할아버지는 위대하다—야곱 · 142
태양아 중천에 멈추어라—여호수아 · 148
싹이 나고 꽃이 핀 지팡이—아론 · 154
밤낮으로 눈을 뜨시고 살펴주소서—솔로몬 · 160

제5장 구원과 섭리의 순간들 · 166
우물가의 여인처럼 난 구했네 · 168
거기 너 있었는가 그때에 · 174
피에타를 만나다 · 181
삽을 든 정원사 예수 · 186
나뭇가지 마법사 · 190
+플러스 비잔틴시대의 모자이크와 이콘 · 196

제6장 죄와 허무의 알레고리 · 200
원죄의 굴레 · 202
에덴의 동쪽 · 210
모든 것이 헛되도다 · 214
죽지 않고 하늘로 올라간 사람들 · 221
영혼의 무게 달기 · 227

도메인 / 234
참고문헌 / 244

추천하는 글 – 성서화 출간 즈음하여

저자 강정훈은 연세대학교가 낳은 걸출 중의 한 사람이라고 말하고 싶다. 그는 탁월한 재능뿐 아니라 출중한 외모를 갖추고 있어 여러 사람이 모여도 단연 그가 눈에 뜨인다. 안동 사범을 마치고 교사생활을 시작했는데 계속 교사생활을 했으면 아마 교장이 된 지 오래 되었을 것이다.

그는 서울에 와서 다시 대학에 입학하였고 젊은 나이에 국가가 실시하는 제7회 행정고시에 합격하여 공직에 몸을 담아 뉴욕총영사관의 영사, 조달청의 외자국장 등의 요직을 거치다가 마침내 조달청장으로 발탁되어 성실하고 지혜롭게 그 자리를 지켜 일을 참 잘 처리했는데, 사심 없는 그의 도움으로 죽을 고비를 넘긴 견실한 기업인들의 이야기를 나도 듣고 매우 감동스러웠다.

그런데 내가 강정훈을 높이 평가하는 까닭은 따로 있다. 이 책을 펴 보는 사람은 누구나 그의 투철한 신앙심에 감탄하지 않을 수 없을 것이다. 그의 삶의 비결은 그 신앙에 있다. 그는 40년이라는 긴 세월 동안 중세의 성서화와 한국 개화기의 선교사들의 저서를 수집·연구함으로 한국학의 한 새로운 국면을 개척하였다.

나는 본서가 성서화를 알아 가는 독자들에게 새로운 출발이 되길 바라고 강정훈 박사가 그동안 담고 싶었던 성경의 깊은 이야기를 만나게 될 것이라 확신한다.

김동길(연세대 명예교수)

나는 2008년 국사편찬위원장직을 마친 뒤, 신성대학교 초빙교수로 당진에서 강의를 하게 되었다. 초빙교수는 교수연구실이 2인 1실이었는데, 나는 강정훈 교수의 연구실에 배정되었다. 강 교수는 조달청장의 직을 마치고 수년 전부터 초빙교수로 강의해 오고 있었다. 연세대 출신의 행정학 박사인데 책장에 있는 책을 보니, 종교와 역사 특히 향토사 서적이 많이 있는 다방면에 관심이 많은 분이었다. 강 교수는 젊은 시절 미국 뉴욕총영사관 영사로 근무할 때부터 서양인이 쓴 개화기의 한국 관련 자료와 중세 필사본 삽화를 수집하여 많은 자료를 소장하고 있었다. 특히 한국의 개화사와 기독교 선교에 관한 서적, 19세기 조선의 국경이 상세히 표시된 고지도, 1816년 한국 서해안 최초 탐사 여행기, 1871년 신미양요 당시의 생생한 현장기록, 서양 종군기자들의 6·25전쟁 기록, 이승만 대통령이 하야한 뒤 소회를 적은 편지 등 희귀한 자료들이었다.

몇 년 뒤 나는 강 교수에게 "이처럼 귀중한 자료를 개인이 보관하기도 어려울 뿐만 아니라 여러 사람이 볼 수 있게 하는 것이 어떻습니까?"라고 권면했다. 40여 년 동안 수집한 귀중자료를 기증한다는 것이 어찌 쉬운 일이겠는가? 그러나 강 교수는 2011년 6월에 한국학 관련 저서와 교회사자료 675점 전량을 숭실대학교 기독교박물관에 기증했다.

몇 년 전에 영화 〈명량〉을 보았다. 나는 이 영화가 역사학자들이 쓴 논문이나 저서보다 국민들에게 이순신 장군의 업적을 알리는 데는 훨씬 효과적이고 감동적이라고 생각했다. 역사 교과서보다 "만화로 된 한국사"를 통하

추천하는 글 – 쉽고 재미있게 읽는 성경

여 한국사를 쉽고 재미있게 배웠다는 사람들도 많다. 이처럼 사람들은 청각보다 시각을 통하여 쉽게 이해하고 크게 감명을 받을 수 있다. 특히 어린아이들에게는 그림책이나 만화가 효과적인 것은 말할 필요도 없다. 성서화는 그림으로 된 성경이다. 깊은 영감을 받고 더 풍부한 상상력을 가진 화가가 성서의 내용을 표현한 성서화는 참으로 아름다워서 성경의 내용을 쉽고 재미있게, 그리고 감명 깊게 이해하는 데 유용하다고 생각한다.

강 교수는 우리나라에 '성화'와는 구별된 '성서화'의 개념을 최초로 도입한 분이다. 특히 「기독일보」의 연재물인 "강정훈의 성서화 탐구" 시리즈는 아름다운 중세 삽화나 유명 화가들의 원색 도판을 통하여 신비한 성경의 세계를 보여 주었다. 이번에 강 교수가 그간 수집하고 발견한 의미 있는 성서화 자료를 묶어 출간되는 본서는 교회사를 포함한 역사 연구에 평생을 보낸 나로서도 주저 없이 추천할 수 있다. 부디 이 귀중한 저서를 통하여 많은 사람들이 성서를 쉽고 재미있게 배워서 믿음 · 소망 · 사랑으로 진정한 기쁨과 행복을 누리기를 기대한다.

유영렬(전 국사편찬위원회 위원장)

성경말씀을 어떻게 하면 더 잘 이해할 수 있을까? 이것은 지난 역사 동안 우리 인간의 관심사였다. 그래서 성경을 읽기도 하고, 설교자를 통해 말씀을 듣기도 한다. 참 감사한 것은 하나님께서 여러 사람들을 통해 당신의 말씀을 잘 이해하도록 도우신다는 점이다. 신약성경 히브리서 1:1에 "하나님이 옛적에 선지자들을 통하여 여러 부분과 여러 모양으로 우리 조상들에게 말씀하셨다"라고 기록하고 있다. '여러 부분과 여러 모양으로 말씀하셨다'는 것은 여러 시대와 여러 사람들과 여러 다양한 방법들을 통해 말씀하셨다는 뜻이다.

하나님은 지금도 그 일을 계속하고 계신다. 존 번연 같은 문학가를 통해 또한 헨델이나 하이든 같은 음악가를 통해, 그리고 미켈란젤로나 레오나르도 다빈치 같은 예술가를 통해 당신의 말씀을 더 잘 이해하게 하신다. 하나님은 이 책을 통해서도 일하고 계신다.

강정훈 교수는 우리 한국교회에 성서화를 소개하는 선구자이다. 1993년에 한국교회 최초로 성서화 전시회를 미암교회에서 가졌고, 여러 모임에서 성서화를 소개하고 해설하고 있으며, 언론을 통해 발표하기도 한다. 저자는 전에 외교관으로 해외에 근무하면서, 그 후에는 여러 나라를 여행할 때마다 미술관에 가서 성서화 자료를 구입하여 소장하게 되었다. 현재 그 수가 약 5,000점 정도라고 한다. 저자는 분주한 공직과 교수생활 중에서도 시간을 아껴 성서화 속에 담겨진 말씀의 의미를 연구하고 해석했다. 이번에 성경의 궁금한 점들을 성서화 해설을 통해 풀고자 책을 내놓게 되었다.

감수의 글 – 성서화 속에 담겨진 말씀의 의미

나는 성서화를 좋아한다. 본서의 감수를 부탁받고 아름다운 성서화와 저자의 해박한 해설을 몇 번씩 다시 읽으며 묵상하였다. 성서화를 해설하는 저자의 글이 독자들에게 성경을 바르게 이해하고 하나님의 섭리를 통해 발전해 온 교회를 따뜻한 시선으로 보는 데 기여할 것이라는 확신이 들었다. 이 책을 통해 우리는 말씀을 눈으로 보게 될 것이다.

바라기는 이 책을 통해 "이제는 내가 눈으로 주를 뵈옵나이다"라는 욥의 고백이 우리의 고백이 되기를 바라는 마음이다.

정우(미암교회 담임목사)

서론
성서화란 무엇인가?

성서화는
종교개혁 이전의
그림성경이다

　성서화聖書畵, Biblical Art는 통상적인 종교화나 성화가 아니라 기독교의 경전인 신구약성경에 기록된 인물이나 사건과 교훈을 그림이나 조각 등으로 표현한 예술작품을 말한다. 그러므로 성서화는 '성서를 주제로 하는'Biblical Theme 미술이다. 교회 역사를 보면 종교개혁 이전 중세시대에 살던 일반 신자들은 성경을 직접 접하기 어려웠다. 성경은 워낙 고가의 책이었고, 히브리어, 헬라어와 라틴어로 쓰인 성경의 내용을 일반 신자들은 이해하기 어려웠다. 그렇기 때문에 성경의 중요인물들과 성경의 사건들을 그림으로 표현한 성서화야말로 '그림으로 보는 성경책'의 역할을 담당하였다.

　오늘날까지 전해오는 중세의 성서와 기도서에는 소장하는 사람의 신분에 따라 다르게 포장된 아름다운 장정과 삽화가 많이 그려져 있었다. 또한 히브리어, 헬라어와 라틴어를 모르는 일반 신자들도 성경을 이해할 수 있도록 오늘날의 어린이 그림책같이 성경이야기와 관련된 그림들이 많이 수록되었다.

　인쇄술의 발달로 1456년 구텐베르크 성경이 나왔지만 이 또한 라틴어 성경이었기에 일반 신자들에게는 그림의 떡이었다.

　모든 기독교인들이 성경을 읽을 수 있게 된 것은 종교개혁 후 1522년 마틴 루터의 독일어 성경과 1526년 윌리엄 틴들William Tyndale c.1494-1536의 영어 성경 번역본이 나온 이후였다.

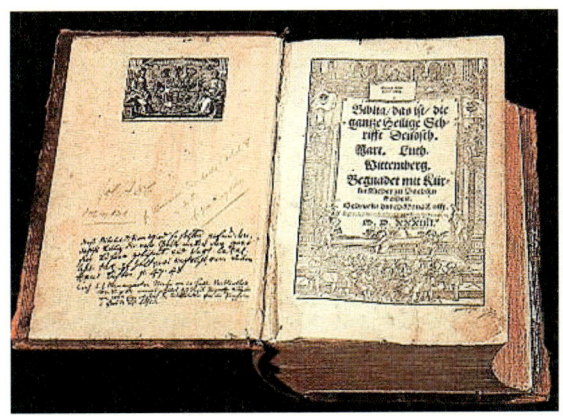
삽화가 있는 마틴 루터의 독일어 번역 성경, Luther Bible, 1534

윌리엄 틴들은 "쟁기를 가는 소년도 성경을 알 수 있도록 한다."는 신념으로 히브리어로 된 구약과 헬라어 신약성경을 영어로 번역하였고 6,000권을 인쇄해 출판했지만 성경은 소각되고, 영국 왕[1]으로부터 고난을 당하기도 하였다.

---

1. 영국의 헨리 8세(1491-1547)는 장미전쟁을 수습하고 즉위한 튜더왕조(House of Tudor 1485-1606)의 시조인 헨리 7세의 뒤를 이어 왕위에 올랐으나 시녀와의 사랑에 빠져 왕비와의 이혼을 요청하였다. 하지만 이를 거부한 로마교황청과 결별하고 영국국교회(성공회)를 독립적으로 창설한 황제이다.

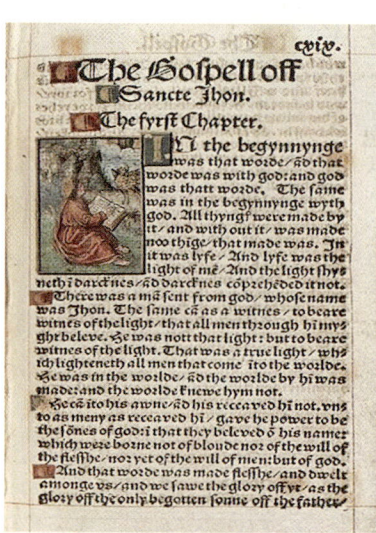

1525년 윌리엄 틴들 번역 요한복음의 첫머리.

성서화는 성화와 다르다

성서화聖書畵는 일반적인 종교화religious art 또는 성화聖畵, sacred art와는 차이가 있다. '기독교 미술'Christian art이란 기독교의 신앙내용을 시각적으로 표현한 미술을 총칭하는 말이다. 일반적으로는 기독교에 관계되는 주제나 상징을 가진 도상圖像 또는 교회건축 등을 총칭하지만, 주로 신앙공동체인 교회에 봉사하는 기능을 갖춘 도상 및 건축을 가리킨다. 기독교 미술에서 다루는 것은 교회건축 · 조상彫像 · 부조浮彫 등 조각과 모자이크, 스테인드글라스를 포함한 회화, 공예품 등이다.

기독교 미술 중 성서화Biblical Art는 개신교와 천주교의 경전인 구약성서와 신약성서에 등장하는 인물Biblical Characters, 성경의 사건과 이야기들Biblical Events, 그리고 성경의 가르침Biblical Teaching 등 '성서내용을 그림으로 표현한 예술'이다. 이러한 개념규정은 댈러스의 성서화박물관Museum of Biblical Art/MBA에서 정의한 개념 구분이다.

성서화를 읽는 표현기법

성서화를 묘사함에 있어서 일반적인 미술작품과는 다른 독특한 표현상의 기법이 몇 가지 있다.

연속적 서술법

성서화는 한 사건만을 그리는 것이 아니라 일련의 사건 전체를 연속적으로 배열하는 작품이 많다. 이러한 기법은 한정된 화면에 최대한의 성경이야기를 그려 넣을 수 있으며, 표현하고자 하는 주제의 앞뒤 줄거리를 함께 삽입함으로써 주제를 더욱 선명하게 부각시키는 장점이 있다.

6세기 초에 제작된 성경 필사본, 비엔나 창세기의 삽화인 〈우물가의 리브가와 엘리에셀〉은 창세기 24장의 이삭의 배필을 구하는 이야기를 연속적으로 잘 보여 준다. 아브라함이 그의 아들 이삭의 아내를 구하기 위해 충복 엘리에셀을 보내 결국 좋은 처녀를 찾은 과정을 그렸다. 오른쪽 상단의 성벽 안 건물에 사는 부유한 집안의 처녀인 리브가가 성문을 나와 시계반대방향으로 난 길을 따라 물항아리를 어깨에 메고 야외의 기둥 옆을 지나 샘으로 향한다. 우물에서 엘리에셀을 만나 그에게 샘물을 대접하고 데리고 온 낙타 열 마리에게도 물을 준다. 그리고 좌측에는 성경에 없는 이야기이지만 강가에서 목욕하는 여인을 그렸는데 이는 강의 원천인 우물의 중요성을 강조함과 아울러 고대 그리스와 로마 미술의 이상을 표현하고 있다.

〈우물가의 리브가와 엘리에셀〉(부분), 비엔나 창세기, 6세기 초. 템페라, 자주색 양피지에 금은 잉크, 12 1/2 x 9 1/4 인치, 비엔나국립도서관

대칭법

성서화는 천국과 지옥, 선한 백성과 악한 무리 등 서로 반대되는 개념을 한 폭의 화면에 대칭적으로 표현한 것이 많다.

14세기에 장퓌셀이 그린 프랑스 장 데브르 왕비의 기도서에 있는 〈예수의 십자가 수난〉에서는 십자가 위의 예수님을 중심으로 선과 악을 좌우 대칭을 이루게 구성하였다. 왼쪽에는 회개한 강도와 슬픈 표정의 마리아와 제자들을 배치하였고, 오른쪽에는 저주한 강도와 예수를 저주하며 조롱하는 유대인과 로마 병정들을 배치하였다.

15세기에 프라 안젤리코가 그린 〈최후의 심판〉에서는 하늘 보좌에 앉으신 하나님을 중심으로 왼쪽 아래에는 천국에서 천사와 함께 있는 구원받은 성도를, 그리고 오른쪽에는 지옥에서 사탄과 함께 저주받는 무리를 그리고 있다.

장퓌셀, 〈예수의 십자가 수난〉, 장 데브르의 기도서, 1325-1328. 메트로폴리탄박물관, 뉴욕

상징기법

성서의 사건들은 심오한 진리를 나타내는 주제를 가지고 있으며 삼위일체, 죄악, 사탄 등 실제 그림으로 표현하기 어려운 추상적 개념들이 많다. 그러므로 이를 그림으로 표현할 때에는 상징적인 도구를 삽입하여 표현하였다. 이렇듯 성서화는 그림 주변의 화초와 가구, 그릇, 심지어는 그림 테두리 밖의 문양이나 그림들을 받치고 있는 기둥의 모양도 모두 살펴보고 해석하여야 그림 내용을 잘 이해할 수 있어 일반적으로 다른 그림에 비하여 난해하다고 할 수 있다.

예컨대 마리아에게 성령잉태를 알려 주는 수태고지화에서는 세 송이 꽃이 등장하는데 가브리엘 천사가 들고 있거나 마리아의 방 화병에 꽂혀 있거나 마리아의 집 정원에 피어 있다. 이 꽃은 샤론의 장미이며 세 송이는 성부, 성자, 성령의 삼위일체를 상징한다. 그리고 천사를 그릴 때에는 그의 손이나 그 주변에 글씨가 적힌 작은 깃발이 있는데 이는 천사가 전하는 메시지를 적은 것으로 '밴더롤'banderole이라고 부른다.

〈유니콘 사냥 수태고지〉, 성모기도서와 위트레흐트 기도서, 1500년경, 위트레흐트, 네덜란드
모건 도서박물관, 뉴욕

16세기 초의 네덜란드의 성모기도서^{라틴어}와 위트리흐트 기도서^{네덜란드어}에 있는 독특한 수태고지 삽화인 〈유니콘 사냥 수태고지〉는 많은 상징과 기호가 숨겨진 성서화의 좋은 사례라 하겠다.

사냥꾼 모습의 가브리엘 천사가 마리아에게 성령으로 잉태함을 알리는 수태고지를 하고 있다. 가브리엘이 뿔나팔을 불면서 자비와 평화를 상징하는 두 마리의 개의 도움을 받아 유니콘을 마리아의 무릎으로 데리고 온다. 유니콘은 하나의 뿔을 가진 일각수로서, 인간을 죄에서 구원하시는 구원의 뿔^{시 18:2} 되시는 예수를 상징한다. 마리아는 '담으로 둘러싸인 정원'^{hortus conclusus}에 앉아 있다. 아가서 ^{4:12}에는 "내 누이, 내 신부는 잠근 동산이요 덮인 우물이요 봉한 샘이로구나"라는 구절이 있는데, 여기서 담으로 둘러싸인 정원은 백합과 함께 마리아의 순결한 처녀성과 동정녀 잉태를 상징한다.

마리아의 뒤편에는 긴 장대가 보인다. 장대 아래에는 양가죽이 펼쳐져 있고 장대 위에는 이슬을 머금은 흰 양털이 보인다. 이는 미디안을 이긴 승리의 징표인 '기드온의 양털'^{Gideon's fleece, 삿 6:37}로서 역시 수태고지를 예표한다.

담장 곁에는 제단에 세워 둔 여러 개의 지팡이 가운데 아론의 싹이 난 지팡이가 보인다. 생명나무로 만들었다는 그 지팡이는 오랜 기간 전설로 내려오는 하나님의 능력의 징표로서 성모의 성령잉태를 예표한다.

또한 정원 뒤쪽 산비탈 푸른 숲에서는 불타는 연기가 보인다. 이는 모세가 호렙산에서 소명을 받을 때 보았던 '불타는 떨기나무'^{출 3:2}를 상징적으로 보여 줌으로써 이 또한 역사의 전환점인 아기 예수 탄생을 예표한다.

성서화는
말씀을 경험하는 데
유익하다

인쇄술의 발명 이후 구텐베르크 성경1456년과 종교개혁 후 마틴 루터의 독일어 성경1522년에도 과거의 필사본 성경처럼 삽화를 많이 그려 넣었다. 18세기의 예배용 성경에도 당시의 유명한 판화가들의 삽화가 많이 수록되었다.[1] 누구나 성경을 읽다가 이해하기 힘든 부분을 자주 만나게 마련이다. 그래서 예전이나 지금이나 그림을 통해서 깨닫지 못했던 성경의 세계를 발견할 수 있는 것이다.

종교개혁가 마르틴 루터Martin Luther가 했던 유명한 말을 잊을 수 없다.

"성경은 살아 있어 우리에게 말해 준다. 성경은 발이 있어 우리를 따라 달리고, 성경은 손이 있어 우리에게 갖게 한다."[2]

성경은 하나님의 말씀이다. 지식이나 학문으로 처음 만난다 하여도 다른

---

1. Thomas Bensley, *Holy Bible*, 2 Vols, Bowyer Fitler, London, 1795.
 이 성경에는 렘브란트, 뒤러, 루벤스 등 거장들의 작품을 제임스 휘틀러가 판화로 만들어 넣었다. 필자는 이 성경을 비롯한 선교사 자서전 등 한국교회사 자료 675권을 2011년에 숭실대학교 한국기독교박물관에 기증하여 〈영천문고〉로 소장되어 있다.
2. Patricia A. Pingry, 'The Story of The Bible', *Ideals Publication Incorporated*, Nashville, Tennessee, 1998. cover(inside)

작가미상, 〈기하학자 하나님〉, 성경 권두삽화, 1220-1230. 양피지에 채색, 오스트리아국립도서관, 비엔나

"땅이 혼돈하고 공허하며 흑암이 깊음 위에 있고 하나님의 영은 수면 위에 운행하시니라" 창 1:2. 이 말씀을 따라 푸른 물 위에 맨발로 일하시는 예리한 눈매의 하나님이 오른손에는 컴퍼스를 들고 왼손에는 공허한 어둠에 쌓인 둥근 우주를 들고 있다. 13세기의 천지창조의 상징인 이 그림을 설명하는 학자들마다 기하학자, 천문학자, 점성가, 설계사, 건축가, 숙련공 등 하나님에 대한 호칭이 다양하다.

책에서 느끼지 못하는 생명력을 가진 책이다. 기독교문화가 번성하였던 중세시대에는 각 수도원에 스크립토륨^{Scriptorium}, 즉 필경실^{筆耕室}이 설치되어 있었다. 황야나 외딴 섬, 한적한 산 속에 있던 수도원, 그 정적 속에서 주님을 우러러보며 희미한 불빛 아래 평생 성경을 필사하며 그림을 그리던 필사가^{scribe}, 삽화가^{illuminator}, 장식가^{decorator}들이 있었다. 그들은 성경을 접할 수도, 해석할 수도 없던 가난한 자와 문맹자를 위해 성경에서 감동을 받거나 어려운 부분에 삽화를 그려 넣었다. 그 채색된 사본들은 중세는 물론 역사적으로 수많은 사람을 감동시켰다.

르네상스 화가들 중 성서화를 많이 그린 화가는 신앙심이 투철한 사람들이었다. 프라 지오바니는 자신의 이름을 '천사의 형제'란 뜻인 '프라 안젤리코'로 바꾸었으며, 정신병으로 37세에 요절한 반 고흐는 평신도지만 탄광촌에서 목회활동을 하였던 깊은 신앙과 가난한 사람들에 대한 애정으로 〈나사로의 부활〉을 그렸다.

성서화는 추상적이고 희미하던 성경의 이야기와 사건들이 조금씩 마음속에 실체로 다가오게 만드는 매력이 있다.

엔티엔 슈발리에 기도서에 실린 15세기 프랑스 화가 장 푸케의 〈십자가에서 내려지는 그리스도〉를 보면 열두 제자의 하나인 요한이 십자가에서 내려지는 그리스도를 온 몸으로 떠받치고 있다. 그 아래에서는 공회원인 아리마대 요셉이 그를 받으려고 손을 벌리고 있으며, 바로 뒤에는 역시 공회원인 니고데모가 향유병을 들고 서 있다. 푸른 옷의 성모 마리아가 양손을 들고 오열하며 뒤에는 붉은 옷을 입은 여인들이 무릎을 꿇고 기도하고 있다. 땅바닥에는 십자가 처형 도구들이 보인다. 이 작품을 대하면 슬픔과 감사가 교차한다. 이러한 그림을 통해 우리의 영성이 살아나고, 마음 깊은 곳까지 보시는 그분을 향한 깊은 믿음이 생겨난다.

장 푸케, 〈십자가에서 내려지는 그리스도〉, 슈발리에 기도서의 세밀화, 16.5×12cm, 콩데미술관, 샹티

성서화를 통해 현재를 본다

그리스도인은 '하나님 나라^{천국}에서 다시 살기를 소망하는 사람들'이라고 정의할 수 있다. 그곳은 현세의 인간들이 피할 수 없었던 배고픔과 무서움과 죽음에서 해방되어 궁핍으로부터의 자유, 공포^{恐怖}로부터의 자유, 그리고 사망으로부터 자유로운 세상이기 때문이다. 그러한 자유의 땅, 천국을 성경에서는 새 하늘과 새 땅에 세워진 '새 예루살렘'이라 부르고 있다. 그곳은 다시 맞이한 아름다운 에덴동산이다.

11세기 파쿤도 베아투스의 삽화 〈새 예루살렘〉은 눈이 부시게 아름다운 성서화이다. 천국의 영화로움이 눈앞에 선하게 보인다. 가운데에 어린 양, 예수가 있고 좌우에 열두 천사가 머리에 아름다운 보석을 이고 있어 빛이 난다. 천사의 설명을 요한이 받아 요한계시록에 기록하는 모습도 보인다. 이 삽화에 대해 볼로냐 대학의 기호학 교수였던 움베르토 에코^{Umberto Eco}는 중세 미술의 비례와 균형, 그리고 빛으로 가득 차 있는 중세 필사본 중 가장 아름다운 필사본이라고 하였다.[3]

성서화는 이와 같이 인간의 아름다운 감성을 풍요롭게 할 뿐만 아니라 창조적인 힘을 추구할 수 있는 열린 마음의 소유자인 이른바 '영혼이 자유로운 인간'이 되게 한다.

---

3. 움베르토 에코, 이현경 옮김, 「미의 역사」(서울 : 열린 책들, 2011), p. 78.

파쿤도 베아투스, 〈새 예루살렘〉, 1047. 양피지에 채식, 297x240mm, 마드리드 국립도서관

제1장
인간으로 오심을 그리다

젖을 먹고 있는 아기 예수

마리아와 아기 예수는 성서화에서 항상 널리 사용되는 주제이다. 그중에서도 아기 예수에게 젖을 물리고 있는 마리아를 그린 레오나르도 다 빈치의 〈마돈나 리타〉Madonna Litta는 르네상스 최고의 걸작품 중 하나로 손꼽히며 많은 사람들의 사랑을 받는 작품이다. 〈최후의 만찬〉밀라노 산타마리아 델레 그라치에 성당, 〈모나리자〉파리의 루브르박물관 등 그가 그린 그림을 한 번이라도 더 보기 위해 평생 동안 몇 번이고 다시 찾아오는 마니아가 여전히 많다. 〈리타의 마돈나〉상트페테르부르크의 에르미타주 미술관도 그중 하나이다.

최고의 화가인 레오나르도 다 빈치의 작품이어서 유명한 것도 있지만 〈리타의 마돈나〉에서는 초기 성서화에서 볼 수 없는 파격적인 모습을 찾을 수 있기 때문이다. 초기의 성서화는 하나님의 아들로서 지혜롭고 위엄을 갖춘 아기 예수의 모습만을 그려 왔다. 아기 예수는 인간이기 전에 신이었기 때문이다. 그러나 〈리타의 마돈나〉에서 보이는 아기 예수는 옷을 다 벗은 천진난만한 모습으로 엄마 품에 안겨 왼손에는 작은 새를 붙들고, 오른손으로는 엄마의 젖을 꼭 잡아 옹알이를 하며 젖을 먹고 있는 인간적인 모습을 담고 있어 신선한 충격을 준 작품이다.

성서화에서 자주 보게 되는 아기 예수는 나름 시대적인 표현의 변천사가 있다. 신의 영역인 아기 예수를 그릴 수 있었던 것은 교회 안에서 성모 마리아의 지위 격상의 결과로 나타난 산물이라 할 수 있다. 5세기까지는 마리아와 아기 예수를 함께 주제로 한 작품이 드물었다. AD 431년 에베소공의회

레오나르도 다 빈치, 〈리타의 마돈나〉, 1490년경, 캔버스에 템페라, 33×42cm, 에르미타주미술관, 상트페테르부르크

에서 성모에게 "신을 잉태하고 낳은 어머니"라는 뜻에서 '테오도코스'Theotokos 라는 이름과 지위를 부여하였고, 이때부터 마리아의 격에 맞는 '성모와 아기 예수' 그림을 그리기 시작하였다. 그렇다 하더라도 그 당시의 아기 예수는 옥좌에 앉거나, 마리아의 무릎에 앉거나 옆에 반듯이 서 있더라도 초월적

이며 신성한 모습이었다. 아기 예수는 크기만 작을 뿐 자세히 보면 지혜로운 어른의 형상으로 왕자처럼 고귀한 자태를 가진 존재로 그려졌다. 특히 동방교회의 이콘 그리스도, 성모, 성인 등의 판화형식의 성화상을 보면 에베소공의회 이후 〈길의 인도자이신 성모호데게트리아〉나 〈승리의 성모니코포이아〉를 그린 이콘에서는 아기 예수가 왼손으로 두루마리성경을 잡고 오른손으로는 인류에게 복을 내리는 강복 자세를 취하고 있다. 아기이지만 이와 같은 전능자 그리스도판토 크라토르의 도상으로 표현하는 것은 오랫동안 성서화에 나타난 아기 예수의 전형이었다.

성서화를 제대로 보기 위해서는 도상圖像의 의미를 잘 알고 있어야 한다. 도상은 고대 그리스어의 '에이콘'에서 유래된 영어의 아이콘icon으로 성화상聖畵像을 뜻한다. 고대 말기와 중세에는 종교교육과 신앙행위를 '시청각적 방식'에 의존했다 해도 과언이 아니다. 카타콤 벽화 등 초기 기독교 작품과 비잔틴 미술과 동방정교회 전통의 조각이나 그림은 그 속에 담고 있는 이야기나 상징 등을 알아야 작품을 해석하고 이해할 수 있다. 예를 들면 마리아는 청홍색으로 조합되는 의상을 입으며, 세례 요한은 늘 지팡이를 들고 있다. 제자 중에서도 천국열쇠를 가진 이는 베드로이고, 돈주머니를 든 이는 가롯유다이다. 이런 작품에 담긴 상징과 기호의 형상을 통해 종교적 교리의 표현과 내용을 밝히는 학문이 기독교 도상학圖像學 iconography of Christian Art이다.[1] 근세나 현대 기독교미술에서도 성경의 사건과 인물, 그리고 성경의 가르침을 표현할 때에 중세 이후 확립된 기독교 도상의 표현과 상징 등이 존중되고 있다.

---

1. 앙드레 그라바, 박성은 역, 「기독교 도상학의 이해」 (서울 : 이화여자대학교출판부, 1968).

작가미상 영국인, 〈젖먹이는 마리아〉, 에임즈베리 시편집, 1240년대, 양피지에 채식

1240년대 영국에서 제작된 에임즈베리 시편집의 삽화로서 〈젖먹이는 마리아〉이다. 인간의 모습으로 태어난 아기 예수의 젖을 먹는 모습은 초기 곱틱 미술에서도 비슷한 도상이 보이지만, 분명하게 표현된 것은 13세기에 와서야 에임즈베리 시편집Amesbury Psalter의 필사본 삽화에 처음으로 보인다.

암브로조 로렌제티, 〈젖먹이는 마돈나〉, 1330년경. 목판에 템베라, 주교궁, 시에나

성서화에서도 엄마와 아기는 인간의 모습으로 대담하게 표현되었다. 가슴을 풀어헤친 엄마의 젖을 먹는 구도인 '마리아 락탄스'Maria Lactans라는 도상은 14세기에 로렌제티Ambrogio Lorenzetti의 〈젖먹이는 마돈나〉Suckling Madonna가 회화로는 초기 작품으로 보인다.

이런 도상의 의미와 더불어 그림의 표현방식이 시대적인 흐름에 따라 조금씩 영향을 받았다. 르네상스 여명기인 14세기부터 창조의 아름다움과 하나님의 사람 되심성육신을 특별히 주장하였던 성 프란체스코AD 1181-1226의 교리와 르네상스에서 싹이 튼 인본주의의 영향을 받아 성모자의 모습도 변하기 시작했다. 성모 마리아의 얼굴에 미소가 번지거나 슬픈 기색이 어리며 조심스레 모성이 드러나기 시작한 것이다. 그리고 아기 예수도 따뜻한 웃음과 아기다운 모습으로 그렸다. 이때의 대표적 화가가 치마부에 조토, 두치오 등이다.

르네상스 전성기인 15세기부터는 성서화에서도 엄마와 아기는 인간의 모습으로 대담하게 표현하였다. 가슴을 풀어헤친 엄마의 젖을 먹는 구도인 〈마리아 락탄스젖먹이는 마리아〉라는 도상은 15세기에 피렌체 지역에 널리 퍼져 있던 주제였다. 이때의 대표적인 화가는 레오나르도 다빈치, 미켈란젤로, 라파엘로 그리고 브라만테, 지오르지오네, 티치아노 같은 엄청난 창조력을 발휘한 거장들이었다.

이제 르네상스 전성기에 레오나르도 다 빈치가 그린 〈리타의 마돈나〉를 좀 더 살펴보자. 이 작품은 원래의 소장자가 이탈리아 밀라노의 리타 공작이었기 때문에 '마돈나 리타'로 불린다. 마돈나는 '나의 귀부인'이라는 의미의 이탈리아어로서 예수 그리스도의 어머니인 동정녀 마리아의 호칭으로 성모의 조상이나 성화를 지칭할 때 많이 사용된다. 마치 많은 성당들이 마리아에게 바쳐졌다는 의미에서 '노트르담'으로 부르거나 옥좌에 앉은 마리아를 그린 대형제단화를 '마에스타'Maesta, 이탈리아어로 영광의 그리스도상라고 하는 것과 같은 이치이다.

아기 예수의 왼손에는 머리에 붉은색이 있은 작은 새 한 마리가 들려 있다. 요즈음 어린이들처럼 애완동물과 놀고 있는 것이 아니다. 이 새는 황금방울새Goldfinch이며, 엉겅퀴와 가시나무를 먹고 산다고 하여 성서화에서는 그리스도의 고난을 상징하는 새이다. 창세기에 보면 아담은 하나님의 말씀을 거역함으로 인해 에덴동산에서 추방된 후 가시덤불과 엉겅퀴가 있는 땅에서 평생토록 수고하는 벌을 받았다. 엉겅퀴는 가시가 많은 관목이기 때문에 그리스도의 가시 면류관의 재료로 묘사되기도 한다.

아기 예수의 오른손은 엄마로부터 떨어지기 싫다는 듯이 엄마의 가슴을 꼭 잡고 있다. 성모 마리아의 얼굴에서는 후일 그가 그린 모나리자의 미소를 엿볼 수도 있으나 우아하면서도 조각과도 같은 차갑고 슬픈 모습을 보이고 있다. 성서화에서 성모가 아기 예수에게 젖을 먹이는 모습은 여성의 관능적 아름다움이나 세속적 호기심과는 큰 차이가 있다. 그 모습은 신성한 동정녀 마리아가 아기에게 드러낸 거룩한 모성이며, 십자가 고난을 받을 예수에 대한 슬픔과 헌신을 의미한다. 따라서 마리아의 겉옷도 하나님아기 예수에 대한 충성을 상징하는 푸른색이며, 안에는 십자가의 피와 고통을 상징하는 붉은색 성의를 입고 있다. 초기에는 겉옷이 진홍색이었다.

두 개의 창을 통해 내려다보이는 세상은 구름과 산봉우리들이 중첩되어 있다. 또한 다빈치의 어린 시절에 자라던 고향과 어머니에 대한 강한 향수를 느끼게 해 준다. 그가 그림을 그릴 때면 늘 그를 사생아로 낳아 준 어머니와 어린 시절의 기억이 그의 그림에 투영되기도 한다.[2]

---

2. Sir Lawrence Gowing, *A Biographical Dictionary of Artists*(New York : Fact On File, Inc. 1995), pp. 376-379.

동방박사 수수께끼

유대 헤롯 왕 때의 이야기이다. 아기 예수가 베들레헴에서 탄생하였을 때에 동방으로부터 박사들이 별을 보고 따라와 아기 예수에게 경배하였다. 이것은 예수가 이방인으로부터 경배 받은 첫 번째 사건이다. 마태복음 2장에서는 그 장면을 이렇게 묘사하고 있다.

"예수께서 헤롯 왕 때에 유대 베들레헴에서 나셨는데 그때에 동방에서 박사들이 예루살렘에 와서 유대인의 왕으로 나신 분이 어디 계십니까? 우리가 동방에서 그분의 별을 보고 그분에게 경배하러 왔습니다." 하고 말하였다. 별을 따라가 그 집에 들어가 어머니 마리아와 함께 있는 아기를 보고 엎드려 경배하였다. 그리고 보배상자를 열어 황금과 유향과 몰약을 예물로 드렸다.

동방박사 이야기는 어린 시절부터 끊임없이 들어온 이야기이지만 자연스럽게 떠올려지는 의문이 있었다. 어디서 어떻게 여기까지 왔을까? 캄캄한 밤에 별을 따라서 말을 타고 달렸을까? 먼 길을 낙타를 타고 왔을까? 동방에서 온 이들은 과연 누구인가?

희랍성경에서는 동방박사가 마고이[Magoi]로 되어 있다. 이를 킹 제임스 번역본에서는 오랫동안 현자[wise men]로 썼는데 이것이 원문에 가장 가까운 것으로 평가받아 왔다. 최근의 20세기 신약성서[TCNT]에서는 점성술사[Astrologers]로, 그리

사세타,〈마기의 여로〉, 1436년경, 21.6×29.8cm,
목판에 템페라, 메트로폴리탄 미술관, 미국

고 새 국제표준번역NIV에서는 원전에 따라 마기Magi로 표현하고 있다.[3]

우리 성경에서는 존 로스 번역본1877년부터 계속 동방박사라고 부르고 있으며, 여기서 박사는 박학다식한 사람이란 뜻의 중국어 성서에 근거하고 있다. 초기 기독교 미술에서는 동방박사를 동방풍의 모자를 쓴 마기로 그렸다. 마법Magic의 어원이기도 한 마기는 메시야를 '한 별'로 예언하였던 구약의 선지자 발람이 초기 마기집단의 창시자라는 전설이 있을 만큼 점성술에 능한 고대 메디아 및 페르시아의 조로아스터교의 승려로 보기도 한다.

그러나 중세 말기부터는 시편72:10의 기록에 따라 그들을 왕king으로 보는

---

3. H. A. Janson, *History of Art*(New York : Harry N. Abrams, Inc., 1997). p. 968.

마뷔즈, 〈왕들의 경배〉, 1500 – 1515. 오크패널에 유채 177.2×161.8cm, 런던 국립미술관

해석이 생겨나 수많은 신하와 동물이 함께 온 호화로운 왕의 행렬로 표현하고 있다. 사세타Sassetta의 〈마기의 여로〉에서는 독특한 의상과 사냥용 매를 들고 당나귀에 태운 원숭이 등 호화로운 왕의 행렬이 나타난다.

성경에서는 '박사들'이라는 표현을 썼을 뿐 동방박사가 몇 명인지 쓰여 있지 않다. 예물이 셋이니 박사도 셋이라고 주장한 것은 동방의 유명한 교부인 오리게네스Origenes, 185-254년경가 처음이다. 헤롯 왕과 예루살렘 주민들이 놀란 것을 보면 더 많을 것이라고 보는 학자도 있다. 15세기 플랑드르 화가인 마뷔즈Mabuse 일명 Jan Gossaert의 〈왕들의 경배〉를 보자. 유럽을 상징하는 머리가 하얀 백인이 무릎을 꿇고 황금을 바치고 있으며 그의 뒤에는 아시아의 젊은 왕이 값비싼 용기에 든 유향을 들고 터번을 쓴 사람을 비롯하여 많은 수행원들과 함께 서 있다. 좌측에는 아시아의 왕보다 좀 더 젊어 보이는 흑인 왕이 몰약을 들고 제 순서를 기다리고 있다. 이들이 왕의 차림으로 노년과 장년과 청년이라는 인생의 세 단계를 상징하게 된 것은 중세 초기 동방교회의 전통이다. 또한 그 당시 유럽이 알고 있던 세 대륙의 우의적 의미를 보태어 백인, 황인, 흑인으로 인종을 세분한 것은 12세기 스페인 채색필사본에서 그 사례를 찾아볼 수 있으며, 15세기 초부터는 일반화되고 있다. 왕 중의 왕인 예수께 이 세상 모든 대륙의 인류가 경배해야 한다는 뜻이다.

성경에는 그들이 동방에서 왔다고 할 뿐 어디서 온 누구인지는 언급이 없다.
각기 바벨로니아. 페르시아와 인도에서 왔다는 전설이 있지만 최근에는 고가품인 유향과 몰약의 주산지인 남부 아라비아 반도에서 왔다는 주장도 있다. 이 모든 지역은 팔레스타인을 중심으로 보면 동방에 해당한다.

동방박사는 언제 도착하여 경배를 드렸을까? 누가복음에는 천사가 기쁜 소식을 양치기들에게 알려서 그들이 말구유의 아기 예수를 찾아 경배한 이

〈동방박사 이름을 적어놓은 제단화, 부분〉, 카탈로니아 모솔의 산타마리아 성당, 13세기

스페인 카탈로니아지역의 모솔에 있는 산타마리아성당 제단화에는 성경에는 없지만 그간의 오랜 전설에 따라 동방박사들의 이름이 가스파르^{Gaspar}, 발타사르^{Balthasar}, 그리고 멜키오르^{Melchior} 라고 되어 있다.

〈동방박사 이름을 적어놓은 제단화, 부분〉, 카탈로니아 모솔의 산타마리아 성당, 13세기

야기가 나온다. 성서화에서는 일반적으로 동방박사가 경배하는 뒤편에 목자들을 배치하여 거의 같은 시간에 도착한 것으로 표현하고 있다.

한글성경에서는 목자들이나 동방박사가 모두 '아기'에게 경배하였다고 하였다. 그러나 영어성경에서는 아기를 구별해 표시한다. 목자들이 포대기에 싸여 누워 있는 아기께 경배할 때는 '유아'baby라고 한다.NIV 및 KJV 그러나 동방박사들이 집에 들어가 어머니와 함께 있는 아기께 경배할 때는 KJV킹 제임스 번역본에서는 '어린 아기'young child라고 하였으며, NIV에서는 동방박사는 몇 개월 후에 도착하였다는 그간의 논의에 따라 '아이'child라고 번역하고 있다.

말을 탔는지 낙타를 타고 왔는지 궁금해 하던 어린 시절의 상상과 헤롯 왕이 왜 동방박사를 만난 후 두 살 이하 아기까지 범위를 넓게 잡아 유아학살 명령을 내렸는지에 대한 수수께끼도 어느 정도 유추해 볼 수 있다.

마뷔즈의 〈왕들의 경배〉에는 지붕에 죽은 잡초가 보이고 무너진 건물과 퇴락한 기둥 앞 정원에는 깨어진 타일이 보인다. 폐허가 된 집의 모습은 율법을 상징하는 옛 역사는 허물어지고 예수가 오심으로 새로운 은혜의 역사가 시작되는 것을 표현하고 있다.

기다림 – 내가 진실로 속히 오리라

"내가 진실로 속히 오리라.Yes, I am coming soon." 예수님은 요한계시록에서 새 하늘과 새 땅, 그리고 다시 오심을 약속하셨다. 교회력은 한 해의 시작을 대림절로 시작한다. 그 대림절을 시작으로 예수님이 이 땅에 오시고주현절, 우리의 죄를 대속하시기 위해 십자가를 지셨으며고난주간, 다시 부활하셨고부활절, 승천하시면서 우리에게 성령을 보내주셨다오순절. 그리고 다시 오시리라 약속하셨다. 우리는 그렇게 주님이 오실 날을 기다리며 사는 것이다.

대림절은 그리스도의 탄생을 즐겁게 기억하며, 그의 재림을 기다리는 기쁘고 엄숙한 절기이다. 대림절待臨節, Advent은 '오다'라는 뜻의 라틴어 'Advéntus'에서 유래하였으며, 강림절 또는 대강절이라고도 부른다. 기다림을 주제로 한 성서화는 예수의 초림첫 번째 오심을 예고한 수태고지화와 세상 끝날 예수의 재림마지막 다시 오심을 기원하는 "주 예수여 오시옵소서Come, Lord Jesus"이다. 수태고지受胎告知 Annunciation란 마리아가 성령에 의해 예수를 잉태하였음을 천사 가브리엘이 마리아에게 알려 준 일을 말한다. 중세 성서나 기도서와 성무일과서에서 수태고지는 아름다운 채색 필사본메뉴스크립트으로 가장 많이 전해지고 있으며, 르네상스 화가들도 수태고지의 장면을 많이 그렸다.

수태고지화 중에서도 가장 유명한 작품은 메트로폴리탄 미술관의 분관인 클로이스터스The Cloisters 미술관에 소장 중인 로베르 캉팽의 메로데 제단화라 하겠다. 15세기 초반에 플랑드르에서 제작된 세 폭 제단화이며, 메로데는 최후 소장자 이름이다.

로베르 캉팽, 〈수태고지 세 폭 제단화〉, 1427–1432, 플랑드르, 뉴욕 메트로폴리탄 미술관, 클로이스터스

수태고지 세폭 제단화(부분, 중앙패널), 로베르 캉팽, 플랑드르, 뉴욕 메트로폴리탄 미술관, 클로이스터스

이 제단화의 중앙패널이 수태고지 장면이다. 누가복음 1：30은 수태고지 장면을 이렇게 묘사하고 있다.

"가브리엘 천사가 마리아에게 일러 주었다. 두려워하지 말라. 마리아. 너는 하나님의 은총을 받았다. 이제 아기를 가져 아들을 낳을 터이니 이름을 예수라 하여라"

제단화Altarpiece란 기독교 교회의 제단에 설치하는 그림이나 조각 또는 제단 뒤에 장식하는 병풍을 말한다. 전통적으로 제단은 신성한 장소로 장식이 금지되었으나 10세기 이후부터는 차츰 제단화가 나타나며, 12세기경부터 사도들과 성경 속의 여러 사건들 그리고 교회의 수호성인을 그린 칸막이나 두 칸이나 세 칸 병풍을 설치하는 것이 점차 일반화되었다.

제단화의 중앙 패널을 자세히 보면 북유럽 회화의 매력인 영롱한 화면과 함께 많은 상징들이 숨어 있다. 마리아 앞에 놓인 테이블 위에는 책과 두루마리가 놓여 있는데 이는 신약성서와 구약성서를 상징한다. 화병에 꽂은 흰 백합화와 벽에 걸린 흰 수건과 물주전자는 모두 성모 마리아의 순결을 상징한다. 그리고 백합꽃이 세 송이인 것은 삼위일체를 상징한다.

왼쪽 벽면의 동그란 창을 자세히 보면 작은 아기 예수가 십자가를 지고 마리아를 향해 금빛 광선과 함께 내려오고 있다. 그 밝은 빛은 아직 가브리엘의 존재를 알아채지 못한 마리아의 붉은색 겉옷 가운데에 집중되고 있다. 이는 잉태의 상징이다. 그와 동시에 테이블 위의 양초는 연기를 피우며 꺼지고 있다. 왜냐하면 세상의 빛으로 오신 그리스도의 시대에는 촛불은 무의미하기 때문이다. 마리아의 붉은색 의복은 예수의 십자가의 고난과 피를 상징하며, 기대어 앉은 보료의 푸른색은 하나님에 대한 충성을 상징하는 전형적인 배색이다.

오른쪽 패널에는 목수 일에 열중하고 있는 마리아의 남편 요셉이 그려져 있다. 요셉은 전통적으로 늙은 모습으로 그려진다. 수태고지에 요셉을 넣는 경우는 매우 드물지만 요셉과 함께 있는 여러 공구들은 예수 수난에 많이 등장하는 도구들이다. 그리고 창 너머에는 꼭대기 층을 삼각형으로 한 북유럽 특유의 집과 도시의 풍경이 정교하게 묘사되어 있다.

세 폭의 제단화 중에서 왼쪽의 무릎을 꿇고 있는 이들은 이 그림의 주문자 잉겔브레히트 부부이다. 제단화는 필사본메뉴스크립트에 비해 값이 다소 저렴할 뿐만 아니라 그림에 자신들의 모습을 넣을 수 있어 그 당시 신흥 상인들이 선호하는 주문 작품이었다. 기독교인으로서 '그리움'과 '기다림'의 의미는 매우 중요한 영성이라고 본다. 마리아가 예수님을 기다리듯, 동방박사가 예수님을 기다리듯, 제단화를 의뢰하고 작품을 기다리는 상인들처럼 우리도 주님 오심을 기다린다.

파올로 디 마테이스, 〈수태고지〉, 1712, 캔버스 유채, 세인트루이스미술관, 미국

파올로의 아름다운 수태고지 그림에서는 아기 천사들의 찬양과 비둘기 모습의 성령이 내려오는 특징이 있다. 천사의 손에 든 흰 백합white lily은 마리아의 순결Mary's purity을 상징한다.

히에로니무스 프랑켄, 〈최후의 심판〉, 1605-1610, 47×32㎝, 시립미술관, 잘츠부르그, 오스트리아

예수 재림이란 타이틀의 작품은 많지 않다. 17세기 초에 그려진 이 작품은 재림하신 예수님이 최후의 심판을 하는 장면이다. 성서화에서는 선과 악, 천사와 마귀 등 대비되는 개념을 한 화폭에 좌우대칭으로 그리는 기법이 있다. 주님과 푸른 옷의 천사를 중심으로 우측은 선택받은 성도들이 손을 모아 감사의 기도를 드리고 있으며, 좌측에는 형벌을 받을 죄인들의 처참한 모습이 보인다. 천국행을 위해 기어든 여인은 천사가 끌어내고 있다.

엄마 간지러워요

　마리아와 아기 예수 그림들을 보고 있노라면 도통 사람 냄새가 나지 않는다. 하나님의 아들과 그 어머니이기에 어느 여염집 모자처럼 그릴 수는 없을 것이라 이해는 간다. 그래도 인간의 모습으로 이 땅에 오신 분인데, 보통의 아기가 놀듯 예수의 어린 시절 장난감과 함께 재미있게 놀며 자라는 실감나는 성가족 그림은 찾아보기 어렵다. 인간의 모습으로 오신 예수님의 유아 시절의 놀이는 무엇이었을까 궁금해진다.

　복음서에서 예수의 공생애 이전의 기사는 적은 편이다. 성전에 제물을 바치러 올라간 후에는 "나사렛에서 순종하며 받드시더라"는 기사와 열두 살 되던 해 유월절에 부모를 따라 예루살렘 성전을 찾은 후에는 "예수는 그 지혜와 그 키가 자라가며 하나님과 사람에게 더욱 사랑스러워 가시더라"라는 기록이 남아 있을 뿐이다.
　의사 출신의 과학도인 누가가 전해 준 예수의 유소년 시절은 효도와 지혜와 사랑과 은혜란 용어로 함축할 수 있으나 정경에는 구체적인 언급이 없어 화가들은 외경과 전설을 인용하여 유년기 모습을 그리기도 하였다.
　르네상스 시대에 오면 〈리타의 마돈나처럼〉 아기는 옷을 벗은 순진한 모습으로, 더러는 엄마의 젖을 먹으며 옹알이를 하는 도상도 나오지만 다정하게 웃는 모습은 찾기 어렵고, 아기를 바라보는 마리아의 얼굴은 오히려 슬픈 기색이다. 훗날 예수의 수난을 예감한 까닭이다.

마사초, 〈마돈나와 아기 예수〉, 1426년경. 패널에 템페라, 우피치미술관, 피렌체

그러나 르네상스 시대의 성서화 중에서 엄마와 아기의 채취가 물씬 풍기는 그림이 하나 있으니 바로 마사초의 〈마돈나와 아기 예수〉이다.

마사초의 후원자이자 그림의 소장자의 이름을 따서 '카시니 추기경의 마돈나Madonna Casini'라고도 부른다. 이 그림이 유명한 이유는 '턱을 간질이는 마돈나The Tickling Madonna'라는 애칭에서 알 수 있듯 이야기가 있는 그림이기 때문이다. 엄마는 두 손가락을 나란히 펴서 아기 예수의 턱을 간질이고 있다. 아기는 "엄마, 간지러워요!" 하며 엄마의 손을 붙잡고 웃음을 참고 있다. 마치 요즘의 엄마들이 아기에게 간지럼을 태우면 아기가 까르륵까르륵 하며 웃는 그런 행복한 소리가 들리는 듯하다. 기존에 볼 수 없는 참으로 파격적인 표현이다.

아기의 목에는 붉은색 장식pendant이 달린 목걸이가 달려 있다. 이는 르네상스 시대에 아기들에게 인기 있는 선물이었다. 그리고 아기 예수가 입고 있는 아름다운 비침옷은 그리스도의 신성과 인성을 동시에 보여 주고 있다. 성모의 얼굴에는 아기에 대한 보살핌, 사랑뿐만 아니라 진지함과 우울함이 함께 표현되고 있다. 그것은 마리아가 이 아기의 앞날에 닥칠 죽음을 예감하고 있기 때문이다. 따라서 마리아는 손가락을 목에 대고 슬픈 모습으로 축복하는 순간과 서로 놀이하는 순간, 두 가지 몸짓을 동시에 보여 주고 있는 것이다.

이와 같이 대부분의 성가족의 놀이 그림에는 모두 음울함에서부터 행복을 발산하는 기운이 함께 감도는 특징과 시대적 한계를 모두 가지고 있다. 그런 시대적 한계 안에서 아기 예수의 인간적인 면모를 좀 더 드러낸 작품들이 과거의 성서화보다 새롭게 보이는 것은 사실이다. 르네상스를 대표하는 젊은 화가인 마사초를 좀 더 알아보자면, 본명은 '구이디'Tomaso di Somone Guidi로서 일찍이 스승 마솔리노를 도와 피렌체에 위치한 산타 마리아 델 카르미네 성당의 브랑가치 예배당에 프레스코화를 제작하기도 하였다. 그중에서 에덴동산에서 쫓겨나는 아담과 하와를 누드로 그리면서 아담의 하체를 나뭇잎으로 가리지 않아 이 교회를 방문한 사람들이 낙원추방 앞에서 무안해 하는 모습을 종종 보게 되지만 생동력 있는 표현에 매료되고 만다. 마사초는 그 당시에 이미 오늘날의 원근법과 같은 명암기법을 그림에 적용하여 〈성모자와 안나〉, 〈삼위일체〉, 〈성전세를 바치는 예수〉 등 불후의 명작을 많이 남겼다. 그는 26세의 젊은 나이에 요절하였는데 그의 천재성을 시기한 한 경쟁자가 그에게 독을 먹였다는 이야기도 전해 오고 있다.

교회의 타락과 권위만이 존재했던 중세의 암흑기에 인간의 채취가 나지 않는 아기 예수의 그림에서처럼, 예수님은 그렇게 고고한 자태로만 우리에게 남아 있지는 않은지 묵상해 보게 된다. 예수님의 공생애는 뜨거운 한 인간의 모습이었다. 이 땅에서 버림받은 과부와 창기와 여인들, 죄인과 세리들, 장애인과 병자와 어린이 등 소외된 무리와 함께한 열정적인 삶이었다. 복음서에 등장하는 이러한 희망이 없는 민중들을 나타내는 용어가 이른바 '오클로스'ochlos, 민중 또는 다중이다.[4]

"예수께서 무리를 보시고 산에 올라가 앉으시니 제자들이 나아온지라"마 5:1. 여기에서의 '무리'가 오클로스이다. 예수님은 유대의 구질서로부터 배척당하였지만 신약에서만 175회 나타나는 천대받던 오클로스로부터 열렬한 환영을 받고 기원전과 기원후의 분기점이 되셨다. "엄마! 간지러워요" 하던 아기 예수와 엄마 간의 사랑의 대화와 넘치는 인간미가 기원후의 인류 역사를 관통하여 우리의 삶에서 면면히 흐르고 있다.

---

4. 성종현, 『신약총론』(서울 : 장신대출판부, 1991), p. 459.

라파엘, 〈성가족〉, 1517-1518, 루브르박물관, 파리

라파엘의 〈성가족〉은 성경에 기록된 다섯 사람을 배치하여 성가족의 정형을 보여 준다. 그림 중앙에는 엄마 품에 안기려는 아기 예수와 마리아를 배치하였다. 마리아 뒤에는 의로운 사람 요셉이며, 아기 예수 뒤에는 친척 엘리사벳과 그의 품에 안긴 세례 요한이 기도하는 자세로 손을 모으고 있다. 뒤에는 천사가 마리아에게 화관을 씌우려고 들고 있다.

검은 성모에 목말 탄 아기

"나는 고요함을 찾아 그리고 문명의 영향으로부터 벗어나기 위해 떠난다." 고갱이 1891년 타히티로 떠나면서 한 말이다. 그의 작품에 배경이 되었던 폴리네시아오세아니아 동쪽 해역에 분포하는 수천 개 섬들에서의 생활은 이렇게 시작되었다. 타히티는 프랑스 항해사 부갱빌에 의해 1767년에 발견되어 프랑스의 식민지가 된 곳이다. 프랑스 철학자 장 자크 루소의 글을 통해 이미 18세기부터 유럽사회에는 그곳이 '선량한 원시인'Bon sauvage이 사는 곳이라는 이미지가 형성되어 있었다. 그러나 고갱이 도착하였을 때에는 이미 식민지화되어 처음의 모습이 많이 훼손된 상태였다. 그래서 그는 더 깊은 곳으로 옮겨 다녔다. 그 오지에서 고갱은 폴리네시아 작품의 예술적 원천이라 할 수 있는 13세 소녀인 테하마나를 만나기도 하였다. 고갱의 수많은 작품 중에는 타히티의 강렬한 색채로 표현된 성서화들이 있다.

고갱의 '이아 오라나 마리아'Ia Orana Maria는 타히티어로서 '아베 마리아', 즉 성모를 찬양한다는 뜻이다. 이는 성서화 중 가장 많은 주제로 그리고 있는 '수태고지'에서 가브리엘 천사가 처녀 마리아에게 성령으로 잉태할 것임을 미리 알리는 축복의 말과 동일한 것이다. 고갱의 작품은 검은 피부의 성모 마리아가 어깨에 아기 예수를 목말 태우고 있는 파격적인 표현이라는 점에서 관심과 사랑을 받는 작품이다.

붉은 색 토착의상인 파레우pareu를 입은 검은 피부의 마리아가 아기 예수를

폴 고갱, 〈이아 오라나 마리아/아베마리아〉, 1891-1892, 메트로폴리탄 박물관, 뉴욕

한쪽 어깨 위에 목말을 태웠다. 마리아는 수줍은 얼굴로 엄마 머리에 기댄 아기의 왼쪽 다리를 다정스럽게 두 손으로 잡고 서서 온화하고 신비한 미소를 짓고 있다. 두 명의 타히티 여자가 가슴을 드러낸 채 양 손을 모아 맞잡는 타히티식 예배 모습으로 성모자에게 경배를 드리고 있다.

이 그림의 지리적 배경이 되는 마타이에아Mataiea는 가톨릭이 일찍이 전파되어 가톨릭 신자가 대부분이다. 성모자 앞 제단에는 바나나와 붉고 누런 열대과일을 풍성하게 진열해 놓았다. 안쪽에 있는 꽃나무 그늘에는 노란 날개를 가진 천사의 모습이 보인다.

성서화를 표현할 때에는 이렇게 해야 한다는 공식처럼 아기 예수는 손에 두루마리 성경을 들고 강복하는 모습과 성모는 옥좌에 앉은 장엄한 마리아이며 아기 예수는 왕자 같은 고귀한 모습으로 묘사하던 시절, 마리아와 아기 예수를 흑인으로 묘사한 것은 충격적이었다.

동방에서 별을 따라와 아기 예수에게 경배를 드린 박사들을 묘사할 때에는 세 대륙의 대표라는 이미지에서 백인, 흑인, 황인종으로 그리기도 하였다. 또한 성모자를 검은색또는 어두운으로 묘사한 작품으로 12~15세기의 비잔틴 이콘이나 이탈리아 조형에 등장한 검은 마돈나black madonna가 있긴 하다. 그러나 대중에 잘 알려진 유화작품으로는 남태평양을 배경으로 살았던 고갱의 그림이 처음이다. 더구나 아기 예수를 목말 태운 도상은 그 예를 찾아 보기 어렵다.

예수를 목말 태운 비슷한 도상으로는 1507년경에 제작된 미켈란젤로의 〈도니 마돈나Doni Madonna〉가 있다. 이 그림은 원형화로 〈도니 톤도원형화, Tondo〉라고도 한다. 아기 예수를 성모의 오른쪽 어깨 위에 올리고 마리아와 요셉이 부축하는 특이한 배치의 작품이다. 여기서 성가족은 '도니'라는 놀이를 하고

미켈란젤로, 〈도니 마돈나〉, 1507년경. 120cm(직경), 우피치 미술관, 피렌체

있다.

　도니Doni는 당시 르네상스를 표현하는 '선물'이라는 뜻의 놀이였다. 도니는 놀이의 모습이긴 하지만 작품 속의 인물들 중 재미있다고 웃는 이는 아무도 없다. 오히려 엄숙한 모습이다. 그것은 이 작품이 "십자가에서 내려지는 그리스도"의 슬픈 도상을 닮고 있기 때문이다. 그런 의미에서 신비한 미소를 띠고 있는 고갱의 검은 성모와 목말을 탄 아기 예수는 파격적이며 당시의 통

62

폴고갱, 〈황색 그리스도〉, 1889, 캔버스에 유채, 알브라이트녹스 미술관, 버팔로
그림 아래 우측에 고갱 89란 서명이 있다.

폴고갱, 〈우리는 어디서 와서, 무엇이 되어 어디로 가는가〉, 1897, 캔버스에 유채, 139×374.7cm, 보스턴 미술관

념을 깨는 수작이라 할 수 있다.

　인상주의의 대표적인 화가였던 고갱은 빛과 함께 움직이는 색의 변화 속에서 자연을 묘사하고, 눈에 보이는 세계를 정확하고 객관적으로 기록하려 하였다. 그러나 고갱은 오직 눈에 보이는 외부세계에만 집중하는 인상주의에 점차 회의를 느끼기 시작했다. 오직 눈에만 집중하고 마음의 중심은 무시하게 된다고 보았던 것이다. 그래서 고갱은 〈황색 그리스도〉를 통해 단순히 시각적, 객관적인 기록으로부터 벗어나 작가의 내면이 투영된 주관성의 표

오른쪽의 아이는 공동으로 육아하는 섬의 풍습이고, 가운데 여인은 선악과를 따는 장면을 의미하며, 왼쪽의 신상은 섬에서 섬기는 신이며, 오른쪽의 흰머리의 여인은 죽음 앞에 이르는 인생의 마지막의 모습을 묘사하고 있다.

현을 시도하였다.

   고갱이 그린 그림처럼 하나님이 주신 있는 그대로의 자연과 세상에 감사하며 각자의 신앙고백을 담은 내면의 삶을 표현하는 것이 그리스도인이 지닌 미의 기준이 되어야 하지 않을까 생각해 본다.

✚ 플러스

초기교회의 기독교 미술

구약시대와 신약 초기의 성서 관련 미술

인간은 2만 년 전부터 그림을 그려 왔다. 구석기시대의 동굴에 그려진 회화에서부터 시작해 도시국가 시대에는 신전이나 궁전, 분묘에 벽화의 형태로 많이 그려졌다. 구약시대의 이스라엘에는 성서이야기 그림이 보이지 않는다. 왜냐하면 이스라엘은 주변 이방인들의 우상숭배를 위한 신의 형상제작을 혐오하였기 때문에 모세의 율법으로 하나님의 형상을 그리거나 만드는 것을 확고히 금하였던 것이다. 그러나 신약시대에 와서는 하나님께서 외아들 예수 그리스도를 통하여 인간의 삶 속에 들어오셨다. 그러나 예수 승천 후 초기 1세기 동안에는 기독교 교인들도 유대 전통에 따라 어떠한 형상도 그리지 않았다. 1세기에서 시작되어 5세기경 동방에서 비잔틴 미술, 서방에서는 메로빙거 왕조 미술의 시대가 출현하기까지, 주로 로마를 중심으로 한 기독교 미술을 '초기 기독교 미술'이라고 부른다.

박해시대의 카타콤 미술

기독교가 널리 퍼진 후 2~4세기 기독교가 박해받던 시대를 대변하는 로마 근교의 지하동굴에서 발견되는 카타콤미술은 초기 기독교 예술의 진수를 보여 준다. 기독교를 상징하는 십자가나 물고기 또는 선한 목자, 요나의 이야기 등 성서를 주제로 한 성서화를 발견할 수 있다. 초기 기독교 성도들에게 있어서 성서의 요나 선지자가 구원 받는 이야기를 표현한 그림은 그들도 하나님의 권능과 자비에 의해 부활한다는 약속을 나타낸 것이다.

시대의 경과에 따라 상징적 표현으로 '그리스도'를 뜻하는 그리스어에서 'X'와 'P' 두 글자를 따서 만든 합일문자^{바룰나} 그리스도를 나타내는 물고기 _{그리스어로 '신의 아들 예수, 구세주'의 두 문자를 조합하면 물고기의 의미가 된다는 데서 유래된다} 또는 신에게 기도하는 인물^{오란테} 등 신앙 자체와 상당히 밀접한 관계에 있는 표현이 발견된다. 이러한 것들은 어느 것이든 선각이나 일종의 프레스코^{벽화의 기법}로써 표현되었다.

바실리카식 교회당과 모자이크

가장 오래된 마리아 이미지(추정), 로마의 산타마리아 맛지오레 성당 이콘, 430년경

4세기에 콘스탄티누스 대제가 기독교를 공인한 후에는 여러 곳에 거대한 성당이 세워졌다. 초기 기독교가 채택한 교회 건축의 한 양식은 바실리카 양식이다. 로마의 거래소, 재판소 등 바실리카라고 불리는 직사각형의 공공건물 형식과 유사하다 하여 이러한 이름이 생겨났다. 장방형의 교회당 전면에 넓은 아트리움^{전정}이 있고, 여기에는 성천분수가 있는 경우가 많다. 다음 입구에는 참회자가 머무는 작은 방인 나르텍스가 있고, 그 안쪽에 본당이 있게 된다. 성베드로대성당333-354은 이 바실리카 형식의 초대교회이다.

성서사본과 채색 삽화

기독교는 성서를 경전으로 하는 종교이므로 성서의 사본은 일찍부터 많이 만들어졌다. 성서사본은 그 시대의 가장 깊은 감동과 최고도의 예술성을 간직하여 경건하게 다루어지는 예술작품이 되었다. 금빛이 번쩍이는 채색 삽화가 있는 채색 사본은 비록 규모는 작지만 벽화와 모자이크 그리고 패널화의 예술성과 비교하여 손색이 없는 것이었다. 역사상 가장 오래된 채색 삽화 illuminated manuscript는 6세기 초반 시리아에서 제작된 것으로 보이는 채색 성경사본illustrated biblical codex인 비엔나 창세기Vienna Genesis로 알려지고 있다. 이 사본은 희랍어인 70인역을 텍스트로 성경 구절을 쓰고 아랫부분에 그 내용을 이해하기 쉽도록 원색으로 세밀화miniature를 그려서 만든 창세기 사본이다. 원래는 96개 도판이 있었으나 24개 도판만 복원되었다.[1]

비엔나 창세기에서 유명한 삽화로 〈야곱 이야기〉가 있다. 보라색으로 염색한 양피지에 은색 잉크로 구약성경을 썼으나 현재는 검정색으로 변해 있다. 아랫부분에는 금색과 코발트색 등 찬란한 색감의 야곱 이야기를 그렸다.

---

1. https : //en.wikipedia.org/wiki/Vienna_Genesis

〈야곱 이야기〉, 비엔나 창세기, 6세기 초반. 양피지에 은색 잉크, 비엔나국립도서관

그림을 자세히 살펴보면 U자형 구도로 그려져 있다. 한 사건만 그린 것이 아니라 야곱이 처가살이를 하다가 가족레아와 라헬 등 네 부인과 12남매을 데리고 고향으로 떠나는 장면부터 U자형의 길을 따라 차례로 설화가 연속적으로 배열되어 있다. 즉, 아래쪽의 가운데는 야곱이 천사와 씨름을 하고 그 다음 왼편에는 같은 야곱이 천사의 축복을 받고 있다. 이와 같은 연속적 서술법은 한정된 화면에 많은 이야기를 그려 넣을 수 있어서 이야기 전체를 이해하기 쉬울 뿐만 아니라 극히 경제적이다. 이는 이후 다른 사본에서도 나타나는 성서화의 대표적인 제작기법 중의 하나이다.

제2장
예수와 함께한 이들

피난길의 동행자

매년 교회에서는 교인들이 함께 성경일독을 한다. 복음서의 앞부분을 읽다가 '예수를 찾아온 동생들'이란 기사 부분에 가면 깊은 생각에 잠기게 된다.

"예수께서 무리에게 말씀하실 때에 그의 어머니와 동생들이 예수께 말하려고 밖에 섰더니 한 사람이 예수께 여짜오되 보소서 당신의 어머니와 동생들이 당신께 말하려고 밖에 서 있나이다 하니"마 12:46-47.

이날 만남은 동생들 입장에서는 만족스럽지 않았다. 며칠 후 예수가 고향 나사렛으로 돌아가 회당에서 가르치자 고향 사람들이 놀라서 수군거렸다.

"이 사람의 이 지혜와 이런 능력이 어디서 났느냐 이는 그 목수의 아들이 아니냐 그 어머니는 마리아, 그 형제들은 야고보, 요셉, 시몬, 유다 하지 않느냐 그 누이들은 다 우리와 함께 있지 아니하냐 그런즉 이 사람의 이 모든 것이 어디서 났느냐"마 13:54-56.

아, 예수님도 우리와 같이 형제자매들이 있구나! 인성을 가지신 분이니까. 성경의 앞부분에서는 그들을 가리켜 '동생들'이라고 호칭하다가 그들이 네 명이라는 것과 이름을 밝힐 때는 '형제들'이라고 쓰고 있다. 그렇다면 친형제인가 아니면 사촌 형제쯤 되는가, 동생들인가 형인가 하는 궁금증이 꼬리

조토, 〈이집트에로의 피신〉, 1304-1306, 프레스코, 200×185㎝, 스크로베니예배당, 파도바

를 물고 일어난다.

조토Giotto가 예수의 일생을 연작으로 그린 〈이집트에로의 피신〉The Flight into Egypt은 예수님의 가족들이 이집트로 피란하는 그림이다. 아기 예수가 탄생하였을 때에 헤롯 왕이 베들레헴 인근의 두 살 이하 사내아이를 살해할 것을 명령하였다. 요셉은 천사의 현몽에 따라 산모인 마리아와 아기 예수를 나귀에 태워 이집트로 피란을 하게 된다. 성모 마리아는 아기 예수를 안은 채 나귀를 타고, 늙은 요셉은 나귀 고삐를 잡고 선두에 있으며 천사가 길을 인도한다. 그런데 피란길에 또 다른 동행자가 보인다. 젊은 소년 하나가 요셉 옆에서 가고 나귀 뒤에도 말쑥한 소년 셋이 따라가고 있다. 베들레헴에서 이집트까지는 약 500킬로미터 이상이 된다. 험악한 산길과 메마른 광야를 지나 수천리 길을 갓난아이와 산모를 데리고 피란하는 길인 셈이다. 이 어려운 피란길의 소년 동행자들은 누구란 말인가? 가족이 아니면 같이 가기 힘든 길이다. 그럼 요셉에게는 또 다른 아들이 있다는 해석도 있을 수 있다.

예수의 '형제자매'와 관련하여 이미 종교개혁이 일어나기 천 년 전인 4세기에 신학논쟁이 있었다. 논쟁의 주제는 '마리아의 영원한 동정성'The Perpetual Virginity of Mary이다. 당시 논쟁의 중심에는 신학자 헬비디우스Helvidius 또는 Helvetius가 있었다. 그는 마리아가 예수 외에도 여러 명의 자녀를 두었다고 주장하였다. 즉, 복음서의 4인의 형제는 마리아가 예수 이후에 낳은 동생이라는 주장이다.[1]

이에 대해 사도신경과 니케아 신조의 동정성을 강조하는 정통교부들 중 라틴어성경을 번역한 제롬Jerome, 성 히에로니무스, 340-420은 383년에 "헬비디우스 논박, 복되신 마리아의 영원한 동정성에 대하여"라는 글을 발표하였다. 마리아

---

1. https://en.wikipedia.org/wiki/Perpetual_virginity_of_Mary

는 예수 이외에 다른 자녀를 낳지 않은 영원한 동정성을 가진 분이라는 것이다. 그는 성경의 형제자매는 '사촌 형제들'이라고 하였다. 사촌 형제라는 제롬의 주장은 현재도 가톨릭교회가 견지하고 있는 입장이다.

러시아 이콘, 〈아기 예수의 이집트에로의 피신〉, 17세기

17세기 러시아 이콘에서는 나귀에 탄 엄마가 아기에게 젖을 먹이며 가고 있다. 성모와 아기를 전체적으로 크게 묘사했다. 아래 부분에 있는 그림은 외경에 있는 기적 이야기이다. 아기 예수가 지나는 길가에 있던 이집트의 큰 우상들이 아기 예수 앞에 무너져 산산조각이 났다는 전설이다.

정통교부 중 또 한 사람인 에피파니우스Epiphanius, 315-403년경는 마리아의 영원한 동정성을 주장하면서도 제롬과는 달리 성경의 형제자매는 요셉의 전실 소생들이라고 하였다. 이 학설은 동방교회가 처음부터 지지한 학설이며, 비잔틴 미술에서는 요셉의 아들들이 애굽으로의 피란길에 동행한 것으로 그린다.

주류의 개신교회는 동정녀 탄생을 엄격히 지키며, 요셉과 마리아에게는 예수 이외에 동생들이 있었다는 헬비디우스의 주장과 생각을 같이하고 있다. 미국교회의 KJV이나 NIV에서도 '형제들'brothers이라고 번역하고 있으나 NIV 성경주석은 헬비디우스의 주장이 자연스러운 이론이며, 앞에서 살펴본 마태복음 13:54~56에서 언급하는 네 명의 남자 형제와 누이들은 모두 예수 이후에 마리아가 낳은 친동생이며 동생이 모친과 함께 찾아온 시기에는 아버지 요셉은 이미 사망한 듯하다는 해석을 하기도 한다.[2]

4인의 동생들은 예수님 공생애 초기와는 달리 예수님 부활 후에는 복음전파를 위해 목숨을 거는 대전환을 하였다. 야고보는 예루살렘 교회의 지도적 인물이 되었고 야고보서의 기자로 인정받고 있다. 야고보의 형제가 기록하였다고 밝힌 유다서의 저자는 바로 네 동생 중의 하나인 유다라고 인정받고 있다.

성경번역이 어떻게 변하던 간에 예수님이 "성령으로 잉태되어 동정녀 마리아에게서 나셨다"는 사도들의 신조인 사도신경은 오늘의 우리에게도 귀중한 신앙고백임에 틀림이 없다.

---

2. Kenneth Barker, *The NIV STUDY BIBLE*(MI : ZondervanPublishingHouse, 1995), p. 1552. LK 8 : 19.

두초 디 부오닌세냐, 〈이집트에로의 피신〉, 마에스타, 제단화, 1308-1311, 시에나성당 오페라박물관, 시에나

누가 바람을 본 적이 있는가?

바람은 제가 불고 싶은 대로 분다.
너는 그 소리를 듣고도
어디서 불어 와서 어디로 가는지를 모른다요 3:8.

The wind blows wherever it pleases.
You hear its sound,
but you cannot tell where it comes from
or where it is going.

"누가 바람을 본 적이 있는가?" 사람이 안다는 것이 무엇일까? 나는 한 편의 시 같기도 하고 한마디 독백 같기도 한 이 구절을 좋아한다. 바람 같은 소리이지만 바로 이 말은 밤중에 찾아온 니고데모에게 예수가 성령에 대하여 한 말이다. 예수가 니고데모에게 설명한 바와 같이 성령 하나님은 바람과 같은 하나님이다.[3]

니고데모가 누구인가? 그는 로마 통치 시대에 예루살렘에 있던 입법·사법의 최고기관으로 정치·종교·사법 등의 기능을 수행한 공의회인 산헤드린Sanhedrin의 공회원이었다. 마카베오 시대 이후 가장 굳건하게 유대주의 신

---

3. 장경철, 「흔적신학」(서울 : 더드림, 2014), p. 48.

앙을 지켜온 바리새파 지식인이요 권위를 자랑하는 신분이었다. 그러한 니고데모가 세상 사람들의 이목 때문에 밤중에 몰래 찾아온 것이다.

"선생님, 우리는 선생님을 하나님께서 보내신 분으로 알고 있습니다."라고 하자 예수는 대뜸 "사람이 새로 나지 아니하면 하나님 나라에 들어갈 수 없다."고 하였다. 최고의 지식인인 니고데모가 정신이 혼미해졌다. 간신히 정신을 차린 그의 물음이 걸작이다. "다 자란 사람이 어떻게 다시 태어날 수 있겠습니까? 다시 어머니 뱃속에 들어갔다가 나올 수야 없지 않습니까?" 지성인다운 당연한 의문이리라.

이에 예수는 "물과 성령으로 새로 나야 한다. 너는 거듭나야 한다."You must be born again고 하시며 "바람은 제가 불고 싶은 대로 분다."는 위의 말씀에 덧붙여 "성령으로 난 사람은 누구든지 이와 마찬가지이다."라고 설명해 주었다.

니고데모는 어떻게 변했을까? 그는 유대 당국자들이 예수를 잡아 오라고 하자 눈치 보지 않고 꾸짖는다. "우리 율법은 사람의 말을 듣고 그 행한 것을 알기 전에 판결하느냐?" 어디 그뿐인가? 제자들마저 무서워 도망친 골고다

프란스 프란켄 2세, 〈그리스도와 니고데모〉, 1610년경. 패널에 유채, 30×36㎝, 비엔나미술사박물관, 오스트리아

79

언덕, 예수의 처참한 십자가의 처형 현장에 그는 시체에 바를 몰약과 침향을 백 근쯤 가지고 왔다. 이것은 목숨을 건 사랑이지 않을까?

이탈리아의 전성기 르네상스 시대에 활약했던 화가인 티치아노^{Titian, 490-1576}의 〈그리스도의 매장〉은 예수와 마지막을 함께했던 5인을 보여 준다. 푸른 성의를 입은 성모 마리아가 기도하는 가운데 상체를 부축한 아리마대 요셉과 다리를 들어 석관에 옮기는 니고데모가 있다. 성모 뒤에는 그를 부축하는 예수께서 사랑하셨던 제자 사도 요한과 격한 모습으로 울고 있는 막달라 마리아가 보인다.

알렉산데르 이바노프, 〈예수와 니고데모〉, 1850년경, 트레챠코프 미술박물관, 모스크바

거기 너 있었는가? 그때에 주가 그 십자가에 달릴 때 오! 때로 그 일로 나는 떨려 떨려 떨려 거기 너 있었는가? 그때에

이 찬양은 니고데모와 아리마대 요셉을 위한 오마주찬가 같다.

티치아노, 〈그리스도의 매장〉, 1559, 캔버스에 유채, 프라도 박물관, 마드리드

석양에 어깨동무해 주는 친구

"사람이 친구를 위하여 자기 목숨을 버리면 이보다 더 큰 사랑이 없나니 너희는 내가 명하는 대로 행하면 곧 나의 친구라 이제부터는 너희를 종이라 하지 아니하리니 종은 주인이 하는 것을 알지 못함이라 너희를 친구라 하였노니 내가 내 아버지께 들은 것을 다 너희에게 알게 하였음이라" 요 15:13-15.

예수님이 유대 군병에게 잡히기 직전에 제자들에게 남긴 유언이다. 요한복음 14~16장에 실린 고별사를 흔히 다락방 강화The Upper Discourse라고 한다. 예수님은 죽은 나사로를 찾아갈 때에도 "우리 친구 나사로가 잠들었으나 내가 깨우러 간다." 요 11:11고 했다. 나는 예수가 나사로와 제자들에게 부른 '친구'란 말이 영 실감이 나지 않았다. 그런데 우연히 본 작은 성서화 엽서 한 장을 만나고 나서야 친구라는 의미가 다시금 감동으로 다가왔다. 〈그리스도와 수도원장 메나〉는 이름 모를 이집트 장인이 그린 그림으로 6세기에 제작된 이콘이며, 목판에 그린 콥트 교회 기독교 회화 중 가장 오래된 것으로 유명하다. 후광에 십자가가 있는 그리스도는 사복음서를 왼손에 들고 오른손은 수도원장 메나AD 285-309년경의 어깨를 감싼 채 어깨동무하고 있다. 친근한 모습이다. 1900년에 프랑스 고고학자 Jean Cledat1871-1943가 중부 이집트의 바우이트Bawit의 거대한 성 아폴로 사원 유적에서 이 목판을 발견하였다. 현재 프랑스 루브르 박물관에 소장되어 있다.

이집트 장인, 〈그리스도와 수도원장 메나〉, 6세기, 목판에 유채, 57×57cm, 루브르박물관, 파리

두 인물은 언덕을 배경으로 야외 풀밭에 정면으로 서 있다. 그들의 발에는 아직까지 들풀의 흔적이 보이며, 해가 넘어가는 오렌지 빛의 석양이 후광 뒤를 물들이고 있다. 그리스도의 후광에는 십자가가 그려져 있고, 그 측면에 구세주Savior란 명문이 있어 식별이 용이하다. 흑갈색 머리칼에 둥그스름한 얼굴, 도톰한 입술과 다듬어진 수염에서 그리스도의 온화한 표정을 읽을 수 있다. 키가 메나보다 좀 더 크고 눈이 뚜렷하며 튜닉과 스카프를 걸치고 있다. 왼손에는 진주와 보석이 가득 박힌 사복음서를 들고 있다.

머리와 수염이 흰 메나의 어깨에는 그리스도가 어깨동무한 손이 보인다. 메나의 후광 뒤쪽에 '수도원장 메나'Apa Mena Superio라는 명문이 보인다. 메나는 단지 콥트 수도원의 규례대로 왼손에 작은 두루마리 성경Scroll을 들고 있다. 또한 길고 텁수룩한 회색 수염에 짧은 회색 머리칼과 야윈 얼굴로 튜닉과 스카프를 걸치고 있다.

4세기 초에 성자 메나스가 순교한 후 그의 사체는 질병을 낫게 하는 치유 능력이 있는 것으로 평판이 났고 알렉산드리아 인근의 아부 미나Abu Mina에 있는 그의 경당에는 세계 각처에서 많은 환자들이 몰려들었다고 한다. 현재 루브르 박물관에 소장되어 있는 순례자의 메나스 물병 테라코타는 6~7세기 비잔틴 시대에 이집트 아부 미나에서 제작된 것으로 추정되는데 이 물병에는 메나스를 나타내는 상징물인 두 마리 낙타 가운데에 서있는 성 메나스를 조각하였다.

성 메나는 메나스Menas로도 불리어지며 로마군대에 속한 이집트 군인으로서 교회를 위해 놀랄 만한 업적을 남기고 순교한 군인 성인으로 영웅적인 명성을 얻었다. 그는 콥트정교회는 물론 로마가톨릭과 동방정교회에서

물병 테라코타

파올로 베로네세, 〈성 메나스의 순교〉, 1580년경. 프라도박물관, 마드리드

도 성인으로 추증되었다. 16세기에 베네치아 화파의 주요화가들 가운데 한 사람인 파올로 베로네세는 〈성 메나스의 순교〉를 그렸는데 지금 마드리드의 프라도 박물관에 소장되어 있다.

이집트 고대 교회는 마가Mark의 선교로 세워졌다고 전해지고 있으며, 일찍이 성 아타나시우스St. Athanasius와 성 클레멘트St.Clement와 같은 위대한 교부들을 배출하였다. 그러나 콥트 교회는 5세기에 그리스도의 인성과 신성에 대한 논쟁으로 인해 로마교회로부터 분립되었다.

오랫동안 성서화 자료를 모으면서도 그리스도가 직접 어깨동무한 그림은 이 콥트 교회 이콘 이외에는 찾아보지 못하였다. 작은 엽서형 카드 그림이지만 너무 소중해 벽에 걸어 놓고 보고 있다. 그렇게 쳐다보다가 때로는 메나스 성인의 위치에 내가 있는 상상을 해 본다. 그러고는 그분이 직접 어깨동무해 주시며 나에게도 친구라고 말씀하시는 황홀한 꿈에 잠긴다.

어린 나사로를 친구라고 부르신 그분을 우리도 만나 수다를 떨면 좋겠다. 친구란 "항상 조잘댈 준비가 되어 있지/ 체면도 위선도 필요 없어/ 있는 그대로의 서로를 웃을 수 있지."라고 홍수희 시인은 노래하지 않았는가?

석양길의 인생들도 친구라고 부르시겠다는 그분을 만나 메나스처럼 어깨동무해 주심을 받고 힐링 받는 아름다운 정경을 꿈꾸어 보기를 바란다.

뱀들아, 독사의 새끼들아

"화 있을진저 외식^{外飾}하는 서기관들과 바리새인들이여 뱀들아 독사의 새끼들아 너희가 어떻게 지옥의 판결을 피하겠느냐"마 23:33.

제목을 보고 왜 이런 험한 글을 쓰느냐고 할 사람이 있을지 모른다. 그러나 이 말은 예수님이 사역하시던 시대 사회적으로 높은 지위를 누리던 지식인이요 지도층인 서기관과 바리새인들에게 하신 말씀이다.

성서화를 접하다 보면 제목이 〈서기관과 바리새인을 책망하는 예수〉, 〈화 있을진저 서기관들아〉 또는 〈위선자에 대한 논박〉 등의 그림을 만나게 된다. 이런 그림은 예수를 잡아 처형하기 위해 혈안이 된 유대교 지도자들의 잘못된 신앙을 통박한 마태복음 23장의 내용이 주된 배경이 되고 있다. 성경에서 예수의 권면은 일반적으로 사랑과 연민으로 표현하고 있다. 또한 비유를 들거나 우회적으로 부드럽게 책망하기도 한다. 그러나 종종 불 같은 노여움으로 책망하고 직선적이며 격한 표현으로 경책하기도 한다.

마태복음 23장에서 보면 "화 있을진저 서기관과 바리새인들이여"를 연속하여 일곱 번이나 쓰고 있다. 쉽게 번역하면 '이 벼락 맞을 자들아'라고도 표현할 수 있을 것 같다. 제임스 티소^{James Tissot, 1836-1902}의 〈화 있을진저 서기관과 바리새인들이여〉를 보면 흰옷을 입은 예수는 예루살렘 성전에서 외식하는 자들을 날카롭고 매섭게 공격하고 있다. 그 앞에서 유대인 지도자들은 예

제임스 티소, 〈화 있을진저 서기관과 바리새인들이여〉, 1886 – 1896, 브루클린박물관

수를 비웃는 표정으로 바라보거나 무시하는 듯한 자세를 취하고 있다. 제임스 티소는 프랑스인이며 영국 신고전주의 작가로서 후반에는 종교적인 색채가 강한 그림을 그렸다. 그는 뉴욕의 유대인 박물관에서 여러 번 구약성서화 전시회를 개최한 화가이다. 복음서를 주제로 한 많은 그림 중에서 서기관들과 열성적인 바리새파 유대인을 책망하는 예수의 모습을 그린 것은 특이한 일이다.

스페인 예수회 신부인 제롬 나달의 복음서 이야기에 실린 목판화 〈위선자들에게 논박하는 예수〉에서는 사회 지도층인 서기관과 바리새인 등 유대지

88

도자들을 논박하는 예수의 엄한 모습을 보여 주고 있다. 예수는 왜 이렇게 그들에게 극단적인 용어로 심판을 선포하셨을까? 그것은 그들의 위선적인 신앙행태가 상식을 넘은 수준이었기 때문이다. 그 위선적인 모습을 예수는 다음과 같이 지적하고 있다.

"그들의서기관들과 바리새인들 모든 행위를 사람에게 보이고자 하나니 곧 그 경문經文 띠를 넓게 하며 옷술을 길게 하고 잔치의 윗자리와 회당의 높은 자리와 시장에서 문안 받는 것과 사람에게 랍비라 칭함을 받는 것을 좋아하느니라"마 23:5-7.

경문 띠를 넓게 한다는 것이 무슨 뜻일까? 유대인 남자들은 성경 중에서 가장 귀하게 여기는 말씀을 적어서 검은색 작은 가죽 상자에 넣고 그 상자에 띠를 달아서 이마와 왼팔에 묶고 다녔다. 이 작은 상자가 경문經文이다. 히브리말로는 테필린tefillin이다. 이는 성경말씀대로 '지킨다'는 뜻이다. NIV에서는 이를 피랙터리phylactery라고 하는데 '성물함'이라는 의미를 지니고 있다. 오늘날에도 정통 유대교인Orthodox Juwish들은 아침 기도 때에 경문을 착용하고 있으며, 예루살렘 성지에서도 경문을 묶고 있는 유대인을 발견할 수가 있다. 성물함 속에 기록된 성경 구절은 구약성경의 가장 핵심적인 신앙규범이다. 그 중 하나는 "이스라엘 자손 중에 사람이나 짐승이나 초태생은 다 거룩히 구별하여 여호와께 돌리라"는 구절이다출 13:1-16. 이는 유월절을 잊지 말라는 교훈이다. 둘째로는 유대인들의 전통적인 규범인 '쉐마'shema를 암송하고 지키는 일이다. 쉐마는 히브리어로서 '들으라'는 뜻이다.

"이스라엘아 들으라 우리 하나님 여호와는 오직 유일한 여호와시니 너는 마음을 다하고 뜻을 다하고 힘을 다하여 네 하나님 여호와를 사랑하라"신 6:4-5.

"너는 또 그것을 네 손목에 매어 기호를 삼으며 네 미간에 붙여 표로 삼고 또 네 집 문설주와 바깥 문에 기록할지니라" 신 6:8-9.

그런데 예수는 왜 경문을 달고 다니는 것을 위선의 극치라고 책망하였을까? 그것은 그들이 경문에 쓴 구절의 참 의미는 무시한 채 형식적인 종교적 행위를 경건이라 여기고 그 경건함을 자랑하기 위해 경문상자를 크게 만들고 묶는 띠도 넓게 하여 의로운 사람이라고 과시하는 것을 질타한 것이다. '외식外飾하는'이란 말은 본질은 망각하고 겉모양만 번지르르하게 꾸미는 교만함을 의미한다. 예수는 외식행위를 다른 말로 설명하기도 하였다.

"대접의 겉은 깨끗이 씻으나 그 안에는 탐욕과 방탕으로 가득하다." 마 23:25
"회칠한 무덤같이 겉으로는 아름답게 보이나 그 안에는 썩은 송장뿐이다." 마 23:27

경문의 띠를 넓히는 외식과 교만은 오늘날 우리에게도 많은 것을 생각하게 한다. 이 시대 우리는 교회와 성경은 뒷전으로 하고 화려한 직함과 감투를 자랑하지는 않았는지 되돌아보며 현대의 서기관과 바리새인은 누구인지 자문해 본다.

조토, 〈성전에서 환전상을 내쫓으심〉, 14세기, 프레스코, 스크로베니 교회, 파도바

예수가 예루살렘 성전의 환전상을 내쫓으며 성전을 깨끗하게 한다. 환전상은 로마나 헬라화폐를 유대화폐로 바꾸어 주고 이익을 챙기는 장사를 하였다. 스크로베니 교회는 14세기 초 엔리코 스크로베니가 이탈리아 파도바에 지은 교회이다. 아레나 교회(Arena Chapel)라고도 부르며 피렌체 화가 조토가 그린 프레스코들이 소장되어 있다.

✝플러스

사복음서의 상징인 네 가지 생물

중세의 필사본 성경과 기도서에 실린 삽화를 비롯한 성서화에는 천상의 하나님 보좌 주변에 하나님을 호위하는 네 가지 생물Four Living Creatures이 자주 등장한다. 이는 선지자 에스겔이 환상 속에서 본 형상들이다.

"그 속에서 네 생물의 형상이 나타나는데……그 얼굴들의 모양은 넷의 앞은 사람의 얼굴이요 넷의 오른쪽은 사자의 얼굴이요 넷의 왼쪽은 소의 얼굴이요 넷의 뒤는 독수리의 얼굴이니"겔 1:5상, 10.

13세기에 제작된 브르흐잘 사본의 삽화인 〈그리스도 보좌와 네 생물〉에는 알몬드 모양의 대형 후광인 만드를라 속에 그리스도가 좌정해 계시고 보좌 주위에 네 생물인 천사, 사자, 송아지 그리고 독수리가 호위하고 있다.

4세기 후반 성 제롬히에로니무스은 다음과 같이 네 생물과 복음서 저자를 연관시켜 설명하였으며 그의 이론은 지금까지도 로마가톨릭과 영국성공회에서 지지를 받고 있다.[1]

---

1. https://en.wikipedia.org/wiki/Living_creatures_(Bible)

〈그리스도 보좌와 네 생물〉, 브르흐잘 사본(Codex Bruchsal), 1220년경, 바덴주립도서관, 독일

〈교부들의 사복음서 기자의 상징〉

교부	사람(천사)	사자	소	독수리
이레네우스	마태복음	요한복음	누가복음	마가복음
아우구스티누스	마가복음	마태복음	누가복음	요한복음
아타나시우스	마태복음	누가복음	마가복음	요한복음
히에로니무스	마태복음	마가복음	누가복음	요한복음

마태복음에는 신이 육화한다는 내용으로 시작하여 천사를 상징한다. 마가복음은 세례자 요한의 모습을 '광야에서 부르짖는 소리', 즉 사자의 포효만큼 외로우면서도 강력하다고 표현했다. 누가복음은 희생제물이라는 주제를 강조했으므로 황소가 상징이 되었다. 요한복음은 독수리의 비행을 닮은 높은 영성으로 기록되었기 때문에 독수리가 상징동물이 되었다.

중세의 화가들에게는 성 제롬의 주장이 전적으로 받아들여졌다. 17세기의 카라바조Caravaggio나 렘브란트Rembrandt의 성서화도 그의 주장을 따랐다. 현대 성서화 연구자들의 사복음서 상징동물에 대한 해석은 다양한 교부들의 이론에도 불구하고 제롬의 이론으로 설명하고 있다.[2]

네 생물에 대한 교부들의 주장이 당시에는 많은 논쟁이 있었지만 사복음서와의 연관은 성경에 없는 내용이므로 중세 이후에는 교회의 관심사항이 아니었다. 따라서 NIV 스터디바이블에서도 네 생물이 사복음서의 상징동물로서 중세 화가들의 그림에 많이 나타난다고 할 뿐 사복음서와의 실제 연관성에 대해서는 언급이 없다.

중요한 사실은 네 생물이 하나님 보좌를 옹위하고 찬양과 경배를 드리는 피조물이라는 점이다. 네 생물과 사복음서와의 연관은 초기 교부들의 이론일 뿐이나 성경이 없던 암흑의 시대에 화가들이 그림을 통해 신자들에게 성경내용을 전달하려 했던 역사적 사실 또한 의미 있다고 본다.

로쉬 필사본의 〈영광 중에 계신 그리스도〉에는 네 생물이 영광 가운데 있는 예수를 호위하고 있다. 사복음서 기자의 상징은 교부들의 오랜 전통에 따라 마태의 천사로부터 마가는 사자, 누가는 송아지 그리고 요한은 독수리이

---

2. Stefano Zuffi, *Gospel Figures in Art*, The J.Paul Getty Museum, Los Angeles, 2003. p. 12. 스테파노 추피, 정은진 옮김, 「신약성서, 명화를 만나다」(서울 : 예경, 2006).

다. 로쉬 필사본에서 카롤링거 미술Carolingian art을 확인할 수 있는데 이 미술양식은 중세 샤를마뉴Karl 대제의 재위 기간768-814에 형성되어 9세기 후반까지 계속된 고전적 양식으로 기독교적 기반 위에 로마제국의 영광을 부흥시키려는 문화운동이었다.

작가미상, 〈영광 중에 계신 그리스도〉, 로쉬 필사본, 778-820. 로쉬수도원, 독일

제3장
성경의 여인들

사랑을 찾아 먼 길을 온 처녀 리브가

이스라엘 랍비들은 딸이 태어나면 유대 역사에서 가장 위대한 어머니 일곱의 이름을 부르면서 이 아이도 그처럼 위대한 어머니가 되라고 축복한다. 그중에 첫 번째는 열국의 어미인 '사라'이고 두 번째가 '리브가'이다. 사라는 이해가 가지만 리브가^{Rebecca}는 왜 두 번째로 위대한 어머니일까? 믿음의 선조인 아브라함의 며느리로서 이삭의 아내이기 때문일까? 그것만으로는 요즘 말로 2%가 부족하다. 뭔가 특별함이 없기 때문이다. 아들 에서와 야곱을 낳았고, 사냥을 좋아하던 털보요 대장부인 에서보다는 집에서 맴돌던 마마보이 야곱을 예뻐한 리브가. 예뻐하다 못해 팥죽을 끓이고 에서처럼 보이기 위해 가짜 털복숭이 차림까지 도와 눈이 어두운 늙은 남편 이삭으로부터 에서의 장자권을 아우인 야곱에게 주게 한 시대의 공로가 커서 위대하다고 하는 것일까? 그러하기에는 뭔가 찜찜한 구석이 있다.

그런 의문을 가지고 있다가 성서화$^{biblical\ paintings}$를 접하면서 리브가의 위대함을 조금씩 발견하였다. 중세 메뉴스크립트^{필사본}와 르네상스 회화나 태피스트리 성서화 중에는 〈이삭과 리브가〉를 주제로 한 그림이 많이 발견된다. 사실 두 남녀가 만나는 과정이 극적이고 흥미롭다.

청년 이삭은 그 당시 가나안$^{현\ 이스라엘}$ 남부 네게브 근처에서 양을 치며 사는 목동이었다. 그의 아버지 아브라함은 자신이 늙어서 죽기 전에 아들의 배필을 맺어 주기 위해 집안의 충복인 늙은 종 엘리에셀에게 이 일을 맡긴다. 아브라함은 근처의 이방인 처녀를 택하지 말고 옛 고향의 친척 딸을 데려 오라

바르톨로메 에스테반 무리요, 〈리브가와 엘리에셀〉, 17세기, 캔버스에 유채, 107×171㎝, 프라도미술관, 마드리드

고 엘리에셀에게 명하였고, 그는 순종하여 낙타 10필에 짐을 싣고 북쪽을 향해 먼 길을 떠난다.

 17세기 화가 무리요의 〈리브가와 엘리에셀〉이란 작품을 보면 엘리에셀과 리브가, 두 사람의 만남을 극적으로 묘사하고 있다. 처녀인 리브가는 유프라데스강 상류 메소포타미아 지역의 하란에 살고 있었는데 동생들과 함께 양을 돌보다가 우물가에서 멀리서 온 늙은 종 엘리에셀을 만난다. 동생들이 의아한 표정으로 지켜보는 가운데 그의 요청으로 우물물을 퍼서 마시게 하고 있다. 그림을 보니 오래된 우물이며 석양이 깃든 저녁이고, 배경에는 양 떼를 치는 목동들도 보인다. 엘리에셀은 기도하면서 얻은 영감에 따라 이 처녀가 이삭의 배필임을 직감한다.

벤자민 웨스트의 〈리브가의 손목에 팔찌를 채워 주는 이삭의 종〉을 보면 늙은 종 엘리에셀이 아브라함의 뜻을 전하자 리브가는 이를 수락한다. 그러자 엘리에셀은 리브가에게 시아버지가 마련한 약혼예물인 금팔찌를 채워 준다. 아름다운 리브가의 순종하는 단호한 표정이 엿보이는 작품이다.

리브가가 왜 이스라엘의 위대한 어머니가 될 자격이 있는지 그 이유를 조금은 알 것 같다. 첫째는 하란에 살던 리브가는 여호와 신앙을 모르는 여인

벤자민 웨스트, 〈리브가의 손목에 팔찌를 채워 주는 이삭의 종〉, 1775, 예일센타, 미국

리브가, 이스라엘 정부 메달, 성서의 위대한 어머니 시리즈 두 번째

이었으나 엘리에셀의 요청으로 여호와의 신앙을 받아들였다는 점이다. 말씀에도 보면 아브라함이 엘리에셀에게 심부름을 시킬 때에 "여호와께서 사자를 너보다 앞서 보내실지라"고 하였다.

둘째는 수락한 다음 날 아침, 늙은 종이 즉시 떠나자고 했을 때 리브가의 어머니와 오라비는 적어도 열흘은 함께 있자고 간청하나 리브가는 "여호와께서 내게 형통한 길을 주셨으므로 지금 가겠다."라며 단호히 따라나섰다는 점이다.

셋째는 하란에서 이삭이 사는 가나안 남방까지는 4천리나 되는 험하고 먼 길이었지만 그 길을 감내하고 사랑의 결합을 하였다는 점이다. 이삭은 리브가를 만나자 그녀를 모친 사라가 생전에 사용하던 장막으로 들여 아내로 삼고 "그녀를 사랑하였다"he loved her. 성경에서 남녀 간의 사랑이란 용어가 처음으로 등장한 곳이다.

지금까지의 이삭과 리브가의 러브 스토리를 여성의 입장에서 재구성해 보면 리브가는 기다리기만 한 수동적인 여인이 아닌 역사 속으로 뛰어든 지혜로우며 행동하는 적극적인 여인이었다. 또한 삶 속에서 가장 가치 있고 중요한 것이 무엇인지 알고 행동으로 옮기는 용기 있는 어머니의 모습도 발견할 수 있다.

이스라엘 조폐창에서 성경의 위대한 어머니 시리즈 두 번째로 리브가 코인을 발행한 것도 같은 의미로 보인다. 코인에는 물동이를 이고 낙타를 이끄는 노인 엘리에셀을 바라보는 리브가 모습이 조각되어 있다.

입다의 딸, 그 슬픈 사연

구약성경에 기생 아들로 태어나 형제들로부터 타향으로 쫓겨나 자라난 입다와 그의 딸 기사를 읽으면서 세상에 이런 슬픈 이야기도 있는가 하고 탄식한 적이 있었다. 왕이 없던 시절에 이스라엘 열두 지파의 우두머리인 사사의 딸로서 아름다운 자태로 정장을 하고 작은 북을 들고 춤을 추고 있다. 소녀는 적국인 암몬과의 전쟁에서 승리하고 돌아오는 아버지가 자랑스러워 문 앞에 나와서 춤을 추며 기쁘게 맞이하고 있는 것이다. '아! 그러나 이를 어이 하리!' 충직한 아버지 입다는 기생의 자녀라는 이유로 같은 부족인 에브라임 지파마저 등을 돌린 상황에서 암몬과의 힘겨운 전투를 할 때에 여호와께 서원誓願을 하였다.삿 11:31

"주께서 암몬 자손을 내 손에 붙이시면 내가 집에 돌아갈 때 내 집 문 앞에 나와서 나를 영접하는 자를 내가 여호와께 번제燔祭로 드리겠나이다."

번제란 제단 위에서 제물을 불에 태워 드리는 제사가 아닌가? 서원이란 여호와 앞에 약속하는 기도이니 반드시 지켜야 한다. 지오반니 안토니오 펠레그리니의 작품인 〈입다의 귀환〉을 보면 사랑하는 딸이 문 앞에 나와 서자 입다 장군은 기가 막혀 울부짖는다.

"어찌할꼬 내 딸이여 너는 나를 괴롭게 하는 자라…… 내가 여호와를 향하여 입을 열었으니 능히 돌이키지 못하리로다"삿 11:35

지오반니 안토니오 펠레그리니, 〈입다의 귀환〉, 1775, 122×99cm, 데니스 마혼 컬렉션. 런던

춤을 추던 영리한 딸은 무슨 일이 일어났는지 알아차렸다. 그래서 소녀는 아버지에게 조용히 아뢴다. 삿 11:37

"나의 아버지여! 아버지께서 하신 그 말씀대로 내게 행하소서. 다만 두 달만 말미를 주소서. 나의 동무들과 함께 산에 올라가서 나의 처녀로 죽음을 인하여 애곡하겠나이다."

결국 두 달 후에 아버지가 서원한 대로 딸이 남자를 알지 못하고 죽으니 그 후부터 이스라엘 처녀들이 해마다 입다의 딸을 위해 나흘씩 애곡하는 슬픈 축제를 가지게 되었다는 것이다.

나는 한동안 입다를 몹쓸 아비로 생각했다. 그가 길르앗 고향에서 쫓겨나 타락한 잡류들과 어울려 지내면서 힘이 장사라서 사사가 되었지만 율법을 잘 몰라서 행한 경솔한 맹세로 비극적인 사건이 일어났다고 짐작하고 있었다. 무식한 아비를 둔 딸이 불쌍하다고 여겼다. 그런데 히브리서에서 믿음의 선조들을 열거한 글을 읽다가 사사 입다도 신앙의 인물로 칭찬한 대목을 보고 깜짝 놀랐다. 어떻게 된 영문인지 궁금하여 여러 성서화 자료를 다시 뒤적이기 시작하였다. 마침내 5세기의 성 어거스틴St. Augustine의 「신국론」La Cite de Dieu, 412-427의 불어번역본15세기 중에 있는 아름다운 메뉴스크립트 속에서 〈승리하여 돌아와 딸을 만나고 그의 옷을 찢는 입다〉라는 삽화를 찾았다.

이는 메트르 푸랑수아Maitre Francois, 1405-1480가 그린 아름다운 삽화로 입다와 딸의 모습이 특이하다. 테두리에 꽃과 과일이 가득한 프랑스 왕실문양으로 장식하였는데, 아래 그림은 입다가 승전 후 군사들을 이끌고 집에 돌아올 때 그를 맞이하는 딸을 보고 옷을 찢는 장면이다. 그리고 입다가 딸을 제단에 올려놓고 칼을 내려치는 순간에 천사가 칼끝을 붙잡아 딸을 죽이지 못하게

메트르 프랑수아, 〈승리하여 돌아와 딸을 만나고 그의 옷을 찢는 입다〉, 1475-1480년경.
어거스틴 「신국론」 불어 번역본 삽화, 헤이그박물관, 네덜란드

한다. 마치 아브라함이 100세에 얻은 아들인 이삭을 모리아산에서 제물로 바치고자 할 때 천사가 칼을 막아 가시넝쿨에 걸린 양을 제물로 대신 드렸다는 역사적 사건과 흡사한 내용이다.

그렇다면 입다의 딸은 죽지 않았단 말인가? 이를 계기로 여러 주석서를 찾아보았다. 15세기 이전 중세 때까지는 입다가 그의 딸을 죽여서 번제로 드린 것이라고 해석하였으나 그 이후에는 소녀로 하여금 소년 사무엘같이 평생토록 성막에서 봉사하도록 처녀로 바쳐진 것이라고 해석하는 입장도 제시되고 있다고 한다.

입다 장군은 이스라엘 나라의 구원이 여호와께만 있는 줄로 믿은 신앙의 표본이 되는 인물이다. 그리고 입다 장군이 사사로서 보여 준 신앙적 용단과 그 딸의 믿음과 아름다운 순종이 우리를 감격하게 한다.

히에로니무스 프랑켄, 〈딸을 만나는 입다〉, 1661년 이후, 동판에 유채

17세기 플랑드르 화가인 히에로니무스 프랑켄의 〈딸을 만나는 입다〉는 성경 기록을 가장 잘 묘사한 성서화 중의 하나이다. "입다가 미스바에 있는 자기 집에 이를 때에 보라 그의 딸이 소고를 잡고 춤추며 나와서 영접하니 이는 그의 무남독녀라 입다가 이를 보고 자기 옷을 찢으며 이르되 어찌할꼬 내 딸이여 너는 나를 참담하게 하는 자요 너는 나를 괴롭게 하는 자 중의 하나로다 내가 여호와를 향하여 입을 열었으니 능히 돌이키지 못하리로다 하니"(삿 11 : 34-35).

춤추는 여인들 보쌈하기

　구약의 사사기를 읽을 때마다 드는 생각이지만 우습기도 하고 허망하기도 하고 놀랍기도 한 이야기들로 가득하다. 모두 21장으로 구성된 사사기는 12사사의 박진감이 넘치는 전쟁 이야기들로 간략하게 전개된다. 그중에서 3장이나 되는 비교적 많은 분량을 차지하는 세 가지의 사건이 있었으니 '기드온과 삼백용사의 전쟁 이야기'와 '입다와 그 딸의 슬픈 이야기', 그리고 마지막으로 '레위인과 그의 첩 이야기'[19-21장]이다. 그중 마지막의 이야기는 그 의미를 파악하기가 언제나 어려웠다.

　이야기의 줄거리는 대략 이러하다. 어떤 레위 사람이 행실이 좋지 못해 달아난 자기 첩을 용서하고 처갓집[베들레헴]에서 데리고 오는 도중 날이 저물어 기브아란 마을에서 유숙하기로 했다. 마치에요프스키 성경의 삽화인 〈기브아 마을에 유숙하는 레위인과 그의 처〉는 이 장면을 잘 묘사하고 있다. 먼 길을 여행한 부부가 잠잘 곳을 찾으니 기브아 마을의 한 사람이 레위인의 손을 잡고 자기 집에 유숙하라고 권한다. 뒤에는 여인용 손가방을 어깨에 맨 부인이 왼손을 들어 동의하고 있고 시녀가 그 뒤를 따르고 있다. 그 옆에는 그들이 타고 온 두 마리의 말이 보인다. 그런데 기브아에 유숙한 그날 밤에 그 동네 불량배들이 레위인의 처를 강제로 끌어내 욕을 보이고 죽게 하였다.

　레위인은 이 원통한 사실을 모든 지파 사람들에게 호소했다. 그 결과 이스라엘 연합군[40만 명]이 동원되어 기브아 마을이 속한 베냐민 지파를 응징하기

작가미상, 〈기브아 마을에 유숙하려는 레위인과 그의 처〉, 마치에요프스키 성경, 1250년경, 모건도서박물관, 뉴욕

작가미상, 〈베냐민족이 처로 삼기 위해 실로의 여인들을 잡아옴〉, 모건 성경, 1240–1250년대. 모건도서박물관, 뉴욕.

로 하였다. 결국 수많은 베냐민 군사들을 비롯해 베냐민 사람과 가축은 이스라엘 연합군에 의해 전멸하고 만다. 간신히 장정 600명만이 돌산으로 도망하여 목숨만은 부지하였지만 여자가 없어 대가 끊어질 상황에 놓이게 되었다. 이스라엘 연합 지파는 이스라엘 열두 지파 중에서 한 지파가 사라지게 될 이 사태를 염려하였다. 궁리 끝에 그들이 포로로 잡아온 길르앗 처녀 400명을 베냐민 장정에게 주었다. 그래도 여자가 모자라므로 그 당시 성소가 있던 실로에서 열리는 절기 축제 때에 춤추는 처녀들을 보쌈해 가도록 넌지시 종용하였다.

포도원에 숨어 있던 베냐민 군사들은 밤중에 무도회에 잠입하여 춤추는 실로의 처녀들을 아내로 삼기 위해 집단으로 보쌈해 갔다. 모 건 성경의 〈베냐민족이 처로 삼기 위해 실로의 여인들을 잡아옴〉이란 삽화를 보면 두 가지 모습이 있다. 오른쪽에는 이스라엘 장로들이 베냐민 장정에게 처녀들을 데리고 가라고 은밀히 권하고 있으며, 바로 왼쪽 옆으로는 숨어 있던 베냐민 군사들이 실로의 축제인 무도회 현장에 급습하여 참여한 처녀들을 잡아가는 광경이 묘사되어 있다. 베냐민 군사들은 처녀들을 보쌈하여 자기들의 성읍으로 돌아가 성을 중건하여 살게 됨으로써 베냐민 지파가 역사에서 사라지지 않고 회생하게 되었다는 이야기이다.

레위인과 그의 첩 이야기는 스토리가 영 마음에 들지 않는다. 성소에서 제사 일을 한다고 뽐내는 레위인, 창녀가 된 그의 첩, 육체를 범하려고 달려드는 기브아 불량배들, 강간을 당하여 죽은 여인을 열두 덩이로 토막 내어 이스라엘 사방에 보내 복수하려 한 남편의 행위 등 너무나 타락하고 잔인한 사건이다. 어디 그뿐인가? 수만 명이 넘는 동족이 목숨을 잃은 전쟁에 이르기까지 은혜롭지 못한 사건들로 가득하다 생각했다. 나는 "그때에 이스라엘에 왕이 없으므로 사람이 각기 자기의 소견에 옳은 대로 행하였더라"삿 21:25라는 사사기의 마지막 말씀으로 그 당시의 시대적 상황쯤으로 이해하며 결론지었다.

문제는 여기가 이야기의 끝이 아니었다는 것이다. 사사시대가 끝나고 왕정시대의 초대 이스라엘 왕인 사울에 관한 기사를 보며 나는 깜짝 놀랄 수밖에 없었다. 이스라엘의 첫 번째 왕 사울의 고향이 '기브아'라고 나타나 있는 것이다.

그래서 사울은 사무엘이 그에게 왕으로 기름 부으려 할 적에 기브아 마을의 부끄러운 역사로 인하여 "나는 이스라엘 지파 중 가장 작은 지파인 베냐민 사람이며 나의 가족은 베냐민 지파 중에 가장 미약하지 아니 하나이까" 삼상 9:21 하며 극구 사양하였던 것이 아닐까 추측해 보았다.

이스라엘 민족은 젖과 꿀이 흐르는 가나안 땅을 차지하며 신정국가로 열두 사사가 200여 년을 통치한 후 왕정국가로 바뀌었다. 초대 왕으로 가장 작은 지파이면서 부끄러운 역사를 지닌 베냐민 지파요 기브아 마을 출신인 사울이 지명되었으며, 왕국의 첫 도읍지가 기브아가 된 것이다. 뿐만 아니라 솔로몬 왕이 죽은 후 이스라엘의 모든 지파가 르호보암을 배반하고 북이스라엘로 돌아설 때 끝까지 다윗 왕조의 남유다에 남아 있던 지파가 유다 지파와 베냐민 지파였으며, 사도 바울도 자신은 베냐민 지파라는 사실을 당당히 고백하고 있다. "나는 팔 일 만에 할례를 받고 이스라엘 족속이요 베냐민 지파요 히브리인 중의 히브리인이요 율법으로는 바리새인이요"빌 3:5. 어떻게 아무도 주목하지 않던 이스라엘 한 지파가 이렇게 놀랍게 이스라엘 역사의 전면에 설 수 있었을까?

하나님은 불의한 베냐민 지파였지만 그들을 버리지 않으셨다. 이방인이지만 실로의 여인들을 통하여 다시금 베냐민 지파를 보존케 하셨다. 또한 베냐민 지파의 사람들도 베냐민이 지속될 수 있었던 이유와 사건들을 결코 잊지 않았다.

어느 시대, 어느 도덕적 가치관을 가지고 보아도 쉽게 납득할 수 없는 사사기의 많은 사건들은 왕이 없던 시절 당시 하나님을 잊고 모두가 자기 소견대로 살아갔던 이스라엘의 단편적인 모습이 아닐까? 그리고 이 사건은 우리에게 "하나님을 잊고 너희 소견에 옳은대로 목자 없는 양과 같이 유리하던 지난 시절을 잊지 말라."라고 우리에게 당부하고 있는 것은 아닐까? 작은 성서화 한 장을 통해 본 사사기 마지막장의 "춤추는 여인을 보쌈해 간 이야기"는 그런 의미에서 사사기의 대미를 장식하는 의미 있는 사건이다.

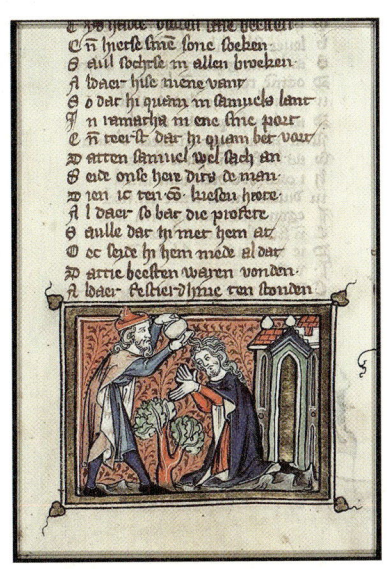

미치엘 반 데르 보르흐, 〈사무엘로부터 왕으로 기름부음 받은 사울〉, 위트레흐트 림므바이블, 1332, 양피지에 채식, 네덜란드국립도서관, 헤이그

당신이 바로 그 사람이라

지금부터 약 3000년 전 이스라엘의 다윗 왕 앞에 왕의 고문인 선지자 나단^{Nathan}이 나타나 수수께끼 같은 질문을 한다.

"한 성읍에 두 사람이 있는데 한 사람은 부하고 한 사람은 가난하니 그 부한 사람은 양과 소가 심히 많으나 가난한 사람은 아무것도 없고 자기가 사서 기르는 작은 암양 새끼 한 마리뿐이라 그 암양 새끼는 그와 그의 자식과 함께 자라며 그가 먹는 것을 먹으며 그의 잔으로 마시며 그의 품에 누우므로 그에게는 딸처럼 되었거늘 어떤 행인이 그 부자에게 오매 부자가 자기에게 온 행인을 위하여 자기의 양과 소를 아껴 잡지 아니하고 가난한 사람의 양 새끼를 빼앗아다가 자기에게 온 사람을 위하여 잡았나이다"삼하 12 : 1-4.

다윗은 노발대발하여 말하기를 "그 사람은 마땅히 죽을 자라"고 소리쳤다. 그러자 나단은 단호하게 선언한다. "당신이 바로 그 사람이라"You are the man.

잉글버트 피센이 그린 〈다윗을 책망하는 나단〉이란 작품을 보면 다윗 왕이 심각한 표정으로 고개를 숙인 채 쪼그리고 앉아 있다. 너무나 큰 죄를 지은 그는 나단 선지자의 준엄한 책망을 듣고 있다. 그 옆에는 잠자고 있는 밧세바가 보인다.

이 사건의 발단은 얼마전 어느 날 저녁에 시작되었다. 저녁때에 다윗이 왕궁 옥상을 거닐다가 저 아래 인근 주택에서 한 여인이 목욕하는 장면을 훔쳐

잉글버트 피셴(1655 – 1733), 〈다윗을 책망하는 나단〉, 미술 고고학 박물관, 상리스

보게 되었다. 너무나 아름다워 바로 사람을 보내 데려와 동침하였다.

한스 맴링의 작품 〈다윗과 밧세바〉는 밧세바가 하녀의 시중을 받으며 목욕을 하는 장면을 담은 그림 중 가장 유명한 작품이다. 작품의 상단 왼쪽을 보면 다윗 왕이 왕궁 옥상에서 목욕하는 여인의 나신裸身을 내려다보고 있다. 성서화에서 성경에 등장하는 인물 중 아름답게 그리는 여인 세 사람을 꼽으라면 다윗의 '밧세바'와 아가서의 '술람미 여인', 그리고 신약의 예수 부활의 증인인 '막달라 마리아'를 들 수 있다.

우리 시대의 영향력 있는 사상가 중에 하나인 움베르토 에코Umberto Eco는 「미의 역사」에서 한스 맴링의 다윗 왕이 밧세바를 훔쳐보는 이 작품을 소개하고 있다. 그는 중세 여성의 아름다운 가슴을 이렇게 인용하였다.[1]

---

1. 움베르토 에코, 이현경 옮김, 「미의 역사」(서울 : 열린책들), pp. 154 – 155.

한스 맴링, 〈다윗과 밧세바〉, 1485년경, 목판에 유화, 슈투트가르트 국립미술관, 독일

"사실 약간 튀어나오고 적당히 풍만하며…… 갇혀 있지만 짓눌려 있지는 않으며 출렁이지 않도록 부드럽게 묶여 있는 가슴은 아름답다."

플랑드르 화가인 얀 마시의 〈다윗과 밧세바〉에서는 목욕하는 밧세바에게 다윗 왕의 신하가 입궐하라는 왕의 명령을 전하고 있다. 아름다운 장식을 한 밧세바 옆에는 시녀와 강아지를 배치하였으며, 뒤편 왕궁 옥상에서는 역시 다윗이 내려다보고 있다. 다윗은 밧세바가 잉태한 사실을 안 후 간교한 계책을 세웠다. 전쟁터에 있던 우리아를 불러 술을 먹이고 집에 가서 쉬라고 하면서 음식물까지 딸려 보냈다. 다윗 왕궁에서 나온 충직한 우리아는 거듭되는 설득에도 집에 가지 않고 왕궁 문에서 잠을 잤다. 그러고는 다윗은 군대 장관 요압에게 우리아를 전쟁터에서 전사하도록 하라고 비밀지령을 내렸다. 요압은 모압과의 전투에서 우리아를 최일선에 배치하여 죽게 한 후 다윗에게 우리아가 전사했다고 보고한다. 다윗의 살인교사가 성공한 것이다. 그는 그후 밧세바를 데려다가 아내로 삼았다.

성경을 읽다가 이 부분에 오면 어안이 벙벙해진다. 세상에 이럴 수가 있을까? 진짜 다윗이 이런 짓을 했단 말인가? 신약성경 첫 줄에서 "아브라함과 다윗의 자손, 예수 그리스도의 족보라" 이렇게 예수 가계 중 가장 위대한 선조로 자리매김한 다윗이 아니던가? 유대 12지파의 후손들이 세운 이스라엘은 지금도 그 나라 국기에 '다윗의 별'이 펄럭이고 있지 않은가?

이러한 근원적 혼미(昏迷)에서 벗어나려면 전체적 맥락(脈絡)에서 찬찬히 둘러보아야 한다.

다윗은 나단의 책망을 받고 "내가 여호와께 죄를 범하였노라"고 고백했다. 한마디 변명도 없이 명백하고 솔직하다. 그는 자기 죄 때문에 죽어 가는 밧세바가 낳은 아기의 모습을 보면서 7일 동안 "땅에 엎드려" 금식하면서 통회痛悔의 기도를 드렸다.

"우슬초로 나를 정결하게 하소서 내가 정하리이다 나의 죄를 씻어 주소서 내가 눈보다 희리이다"시 51:7.

시편 150편 중 다윗의 시로 밝혀진 회개와 찬양의 시가 75편이다. 그중 시편 51편은 다윗이 밧세바와 동침한 후 선지자 나단이 그에게 왔을 때의 통회 자복하는 시이다. 인간은 누구나 죄를 범하고 산다. 그러나 중요한 것은 우리가 죄 앞에 진심으로 회개하고 더는 죄에 머물지 않겠다는 굳은 다짐과 노력이 있을 때 온전해질 수 있다. 다윗처럼 "하나님께서 구하는 제사는 상한 심령이라"시 51:17고 고백할 수 있어야 한다. 하나님 앞에서 철저하게 '상한 심령'이 되는 것이 죄의 유혹이 많은 현대인의 삶 속에서 꼭 필요한 마음이 아닐까 생각해 본다.

"당신이 바로 그 사람이라"는 제목의 다윗과 나단의 성서화는 다윗의 치부恥部를 드러내는 그림이 아니라 중세 기도서나 성무일과서에서는 '회개'와 '겸손'을 상징하는 메뉴스크립트로 오랜 세월 우리에게 다가서고 있다.

얀 마시, 〈다윗과 밧세바〉, 1562, 162×197cm, 루브르박물관

내 사랑 너는 어여쁘고도 어여쁘다

나는 왕복 50리 길을 걸어서 중학교에 다녔다. 누구나 한 번쯤 "인생이 무엇인가?" 하는 본질적 의문을 가진다지만 나는 그 시기가 좀 빨리 왔다. 그래도 다행스러운 것은 집안 내력 때문이기도 하지만 성경 읽기에 깊이 빠지면서 청소년 시기의 잡념을 뿌리칠 수 있었다. 그해 겨울이 지나 봄이 되었을 무렵에 구약의 아름다운 시문학인 시편, 잠언과 전도서를 읽고 아가雅歌를 접하게 되었다. 호기심이 왕성했던 사춘기 시절에 읽은 아가서의 충격은 잊을 수가 없다.

"내 사랑 너는 어여쁘고도 어여쁘다 너울 속에 있는 네 눈이 비둘기 같고 네 머리털은 길르앗 산 기슭에 누운 염소 떼 같구나 네 두 유방은 백합화 가운데서 꼴을 먹는 쌍태 어린 사슴 같구나"아 4:1, 5.

아가서는 노래 중의 노래Song of Songs로서 솔로몬 왕의 연가戀歌이다. 아름다운 술람미 소녀를 사랑하여 청혼하고 결혼하는 과정 속에 기쁨과 아픔을 묘사한 한 편의 뮤지컬이다. 솔로몬 왕은 왕후와 비빈이 일천 명이나 있었지만 진정한 사랑은 포도원에서 일하느라 얼굴이 검게 탄 술람미 소녀 하나뿐이라고 고백하고 있다.

귀스타브 모로, 〈아가서〉, 1893, 수채화, 387×208mm, 오하라미술관, 구라시키

필사본 '인간구원의 거울' 장인, 〈성모 마리아의 상징:다윗의 망대〉, 1450년경, 미르만노박물관, 헤이그

 그 여인이 얼마나 아름다웠던 것일까? 귀스타브 모로의 작품인 '아가서'에는 술람미 소녀가 마치 중세 대리석 조각에 천을 두른 것처럼 아름답게 묘사되어 있다. 소녀의 유방은 백합화 가운데서 꼴을 먹는 어린 사슴 두 마리 쌍태같이 신비하고[아 4:5] 종려나무 열매와 포도송이같이 달며[아 7:8], 다윗이 세운 망대같이 평안하다[아 8:10]라고 하고 있다.

아가서는 구절마다 한 편의 시를 읽는 듯이 아름다워 성경구절이라는 사실을 잊어버릴 만큼 가슴을 두근거리게 하였다. 성경에 이런 뜨거운 대화들도 있구나! 참 놀라웠다. 나중에 교회사 관련 책을 읽으면서 아가서가 일찍부터 당당하게 정경으로 공인된 과정을 알게 됐고 또 한 번 반전의 놀라움을 맛보기도 하였다. 기독교의 교부인 제롬Jerome, 331-421은 아가서를 '그리스도와 그의 교회 혹은 인간 영혼과의 연합에 대한 혼가婚歌'라고 하였다. 어거스틴Augustine, 354-430은 아가서를 '그리스도와 그의 교회의 거룩한 사랑을 묘사한 노래'라고 하였다. AD 550년경의 초기 성경번역본인 '탈굼역'Targum 시기부터 아가서의 솔로몬은 하나님으로 비유되고 술람미 여자는 이스라엘을 비유한다는 견해가 나오기 시작했다. 유대교의 구전법을 집대성한 '미슈나'Mishinah에서는 '아가서는 지극히 거룩하다'고 하여 유대인 회당에서는 매년 유월절에 아가서를 봉독하여 왔다. 제롬과 어거스틴의 견해들은 지금도 전 세계 교회가 존중하고 있다.

중세 1450년경의 유명한 채색 필사본으로 신구약성경의 백과사전이라 할 수 있는 「인간 구원의 거울」에는 〈성모 마리아의 상징:다윗의 망대〉라는 그림이 있다. 이 삽화는 아가서의 술람미 여인을 묘사하는 "내 유방은 다윗이 세운 망대와 같으니 나는 그가 보기에 화평을 얻은 자 같구나"아 8:10 하는 구절을 그렸다. 술람미 여인의 아름다움과 순결성을 성서화에서는 중세 시절부터 성모 마리아의 성품과 동일시하기도 한다. 독일의 낭만주의 화가인 프란츠 포어Franz Pforr, 1788-1812는 〈술람미 여자와 성모 마리아〉라는 그림을 즐겨 그렸다. 술람미 여인의 신비한 아름다움과 순결성이 바로 성모 마리아를 상징한다는 것이다.

술람미 여인을 성모 마리아의 상징으로 그린 이 작품을 보고 있노라면 가슴을 풀어헤치고 아기 예수에게 젖을 먹이는 슬픈 기색의 〈젖먹이는 마리아〉Maria Lactans 도상이 연상되기도 한다. 이탈리아의 르네상스 시대 화가 산드로 보티첼리Sandro Botticelli, 1445?~1510의 〈젖먹이는 마리아〉의 배경에도 울타리로 둘러싸인 후원이 보인다. 이 담장은 술람미 여인이 살던 은밀하고 순결성이 보장된 울타리를 두른 동산아 4:12에 대응된다고 볼 수도 있을 것이다.

산드로 보티첼리, 〈성모와 아기예수〉, 1480. 폴디페촐리 박물관, 밀라노. 이탈리아

마리아와 술람미 여인은 성경에서 가장 순결하고 아름다운 여인의 표상이다. 보티첼리의 성모자에서는 아기예수가 과일이나 황금방울새가 아닌 가시덤불로 만든 면류관을 팔찌처럼 가지고 있으며 이를 바라보는 마리아의 슬픔과 헌신의 표정이 신비롭다. 엄마가 십자가 고난을 받을 아기에게 드러낸 거룩한 모성Maternity의 의미를 되새기게 한다.

프란츠 포어, 〈술람미 여자와 성모 마리아〉, 1810-1811, 34×32cm, 개인소장

"사랑은 죽음같이 강하고 질투는 스올같이 잔인하며 불길같이 일어나니 그 기세가 여호와의 불과 같으니라"아 8:6.

하나님은 아가서의 아름다움에 빠진 우리들에게 무분별하고 무책임한 사랑의 양태와 그 파괴적 힘에 대해서는 엄중하게 경고하신다. 아가의 내용을 통하여 우리의 사랑과 삶을 되돌아보고 하나님께서 우리에게 진정 원하시는 아름다운 사랑을 이루어 나가도록 노력해야 할 것이다.

아가서를 읽으며 두근두근하던 가슴이 엄숙하게 가라앉는 걸 느낄 수 있지 않는가?

램브란트, 〈에스더의 잔치에 온 아하수에로와 하만〉, 1660, 푸슈킨박물관, 모스크바

윌리엄 다이스, 〈우물에서 라헬을 만난 야곱〉, 19세기

스코틀랜드 화가 다이스의 작품인 '우물에서 라헬을 만난 야곱'은 야곱과 라헬의 운명적인 만남을 잘 표현하고 있다. 야곱은 형 에서와 아버지 이삭까지 속이고 장자의 명분과 축복까지 가로챘으나 이제 도망자 신세가 되었다. 집념의 사나이 야곱은 성경에서 처음으로 처녀 라헬을 '사랑'했다고 기록하고 있다. 결혼하기 위해 14년간 처갓집 머슴살이를 한 야곱도 대단하지만 그 사랑의 결과 오누이 라헬과 레아는 이스라엘 열두 지파의 위대한 어머니가 되었다.

딸이 태어났을 때 받는 축복

이스라엘은 태어난 자녀의 혈통을 따질 때 아버지보다 어머니가 우선적인 조건이라고 한다. 즉, 어머니가 유대인이면 유대인이 되는 것이다. 왜냐하면 가정에서의 교육은 어머니의 몫이 더 크기 때문이다. 그래서 그런지 이스라엘의 예루살렘 조폐창에서 1982년부터 발행한 정부공식 메달인 소녀 메달 Mazal Tov, A Girl State Medal은 새로 태어난 딸에게 선물하는 이스라엘에서 사랑 받는 은메달이다.

유대인 아버지는 새로 태어난 딸에게 다음과 같이 축복한다.

"바위 틈 낭떠러지 은밀한 곳에 있는 나의 비둘기야 내가 네 얼굴을 보게 하라 네 소리를 듣게 하라 네 소리는 부드럽고 네 얼굴은 아름답구나"아 2:14.

위의 시는 솔로몬 왕이 한 소박한 시골 소녀인 술람미 여인을 사랑하여 노래한 아가서의 한 구절이다. 아가서는 이스라엘 국민들이 그들의 최대 명절인 유월절 저녁 식사의식에서 매년 출애굽의 역사를 회상하며 낭독하고 있다. 아버지의 축복에 이어서 아래와 같이 유대교 성직자인 랍비가 축복한다.[2]

---

2. Mazal Tov, A Girl State Medal, Israel Coins & Medals Co. http : //www.israelmint.com

"우리 유대의 위대한 어머니들인 사라와 리브가 라헬과 레아 여선지자 미리암 그리고 아비가일과 아비하일의 딸 에스더 왕비에게 축복을 내리신 이여 오늘 태어난 이 기쁜 아기에게도 복 내려 주시고 그의 이름을 불러 주소서."

이스라엘 역사에서 가장 위대한 어머니 이름을 하나하나 부르면서 그들에게 축복하던 그 축복을 아기에게도 동일하게 달라고 기원하고 있다. 참으로 감격할 만한 장면이다. 이스라엘의 축복받은 위대한 어머니들의 면면을 보면 그 뜻이 깊다 하겠다.

사라Sarah는 믿음의 조상 아브라함의 아내이자 열국의 어머니이다. 리브가Rebecca는 아브라함이 100세에 얻은 아들 이삭의 아내이자 야곱의 든든한 어머니이다. 라헬Rachel과 레아Leah는 집념의 청년 야곱이 사랑을 위해 14년간 머슴살이를 하여 차지한 아내로서 열두 아들을 낳아 현재의 이스라엘의 12지파의 어머니가 되었다.

이스라엘의 소녀 메달

후안 안토니오 에스칼란테, 〈분별 있는 아비가일〉, 1667, 캔버스에 유채, 프라도 미술관, 마드리드

다윗은 선지자 사무엘의 죽음으로 그의 신변에 더욱 위협을 느껴 사울 왕을 피하여 멀리 시나이 반도의 바란 광야로 피신하였다. 그때에 그를 따라온 600명 청년들의 양식문제로 갈멜의 나발에게 청하였으나 어리석은 나발은 거절하고 그들을 모욕하였다. 스페인 화가 에스칼란테의 〈분별 있는 아비가일〉에서 나발의 아내 아비가일은 양과 곡식, 포도주와 실과와 떡을 가져와 다윗에게 사죄한다. 현명한 여인 아비가일은 나발이 죽은 후 다윗의 두 번째 부인이 되었고 이스라엘의 존경스런 어머니 반열에 올랐다.

미리암Miriam은 이집트에서 종살이하던 이스라엘 민족을 해방시킨 모세의 누이로서 광야생활 40년간 모세를 돕던 여선지자이다. 아비가일Abigail은 다윗이 사울 왕의 핍박을 피해 황무지에서 어려운 생활을 할 때 다윗과 그 군사들을 먹여 준 지혜와 총명과 겸손을 갖춘 어머니로서 다윗의 아내가 된 여인이다.

에스더Esther는 이스라엘과 유다가 앗시리아와 바벨론에 멸망하여 70년간 바벨론에서 포로생활을 하던 유대 처녀로서 삼촌 모르드개의 아내 아히가일을 엄마처럼 모시고 살다가 페르시아 왕 아하수에로히브리식 이름이며 헬라식은 아닥사스다, 영어로는 크셀크세스라 부른다.의 왕비가 되었고, 지혜로운 처신으로 대학살을 당할 뻔한 이스라엘 민족을 구한 역사적인 어머니이다.

이스라엘의 소녀 메달의 앞면에는 한 송이 장미가 피었고 히브리 구약성서 룻기의 한 구절을 적어 넣었다.

"내 딸아 여호와께서 네게 복 주시기를 원하노라"룻 3:10.

히브리어를 가운데 쓰고 영어는 동전의 둘레에 넣었다. 메달의 뒷면에는 구약성경에서 축복 받은 땅이요, '젖과 꿀이 흐르는 가나안'이라고 부르던 전설의 땅 이스라엘에서 생산되는 '이스라엘 식량 7종'seven species을 기록한 신명기의 곡식과 과일을 그려 넣었다.

"밀과 보리의 소산지요 포도와 무화과와 석류와 감람나무와 꿀의 소산지라"신 8:8.

7종의 농산물은 2종의 곡식과 5종의 과일이다. 여기서 꿀은 벌꿀이 아니고 시럽을 만들면 꿀같이 단맛이 나는 대추야자palm date 열매를 말한다. 이와 같은 은화의 디자인은 새로 태어난 어린 딸이 살아가는 동안 풍요한 땅에서 일용할 양식을 부족함이 없도록 하심에 감사하는 삶을 살라는 축복의 선물이라 하겠다.

우리도 이들처럼 태어난 생명에게 부모와 성직자의 축복이 담긴 기념선물을 만들어 아기에게 주고, 그 뜻과 의미에 대해 반복해서 가정에서 교육한다면 어떨까 하는 생각을 해 본다.

이스라엘 1995년 부림절 기념 은메달

1995년 이스라엘 정부조폐창에서는 부림절 기념 은메달을 제작하였다. 앞면에는 왼쪽 두루마리 부분에 '에스더서'라는 히브리어가 상하로 쓰여 있고 두루마리를 편 부분에는 영어와 히브리 문자로 '부림'purim이란 명문이 있다. 부림절은 바벨론 포로시절 유대 민족을 하만에게서 살려낸 애국자인 에스더와 모르드개를 생각하고 에스더서를 읽으며 조국애를 다짐하는 축제일이다. 에스더가 민족을 구한 이 역사적 사건을 기념하는 '부림절'을 이스라엘에서는 지금도 매년 축제로 지키고 있으며, 에스더는 위대한 어머니의 표상이 되었다. 부림절의 기원은 구약성경 에스더서에 기록되어 있다.

이스라엘 땅의 식량 7종(Seven Species of the Land of Israel), 무화과, 밀, 보리, 석류, 올리브나무, 종려나무, 포도

제4장
선택받은 구약의 인물들

그분은 육식을 좋아하시는지 – 아벨

　요즈음 서민들은 일자리가 마땅치 않은데다가 설상가상으로 나날이 늘어나는 전월세 부담으로 더욱 살기 어렵다고 한숨짓는다. 옛날 그 옛날 성경 첫 머리의 창세 때부터 인간의 삶은 그리 녹녹하지 않았다. 성경은 평생 땀 흘리며 수고하여야 하고 해산의 고통과 슬픔 속에서 방랑자처럼 떠돌아다니다가 마지막에는 흙으로 돌아가는 게 인생이라고 이야기하고 있다. 인간의 조상인 아담과 이브가 에덴동산에서 죄를 짓고 쫓겨날 때부터 고단한 세상살이가 시작되었다. 그들은 살기 좋던 고향에서 멀리 가지 못했다. 아담의 가족은 여호와 앞을 떠나 에덴 동쪽 놋 땅에서 살게 되었다. 놋^{Nod}은 본래 '유랑'이라는 뜻으로 이때부터 인간은 정처 없이 떠도는 삶이 시작되었다. 아담은 두 아들, 가인과 아벨을 낳았는데 큰 아들 가인은 농사꾼이 되었고, 동생 아벨은 양치는 자였다고 한다. 세월이 흘러 이들이 장성하여 여호와께 첫 제사를 드릴 때에 문제가 발생하였다.

　"세월이 지난 후에 가인은 땅의 소산으로 제물을 삼아 여호와께 드렸고 아벨은 자기도 양의 첫 새끼와 그 기름으로 드렸더니 여호와께서 아벨과 그의 제물은 받으셨으나 가인과 그의 제물은 받지 아니하신지라 가인이 몹시 분하여 안색이 변하니 여호와께서 가인에게 이르시되 네가 분하여 함은 어찌 됨이며 안색이 변함은 어찌 됨이냐 가인이 그의 아우 아벨에게 말하고 그들이 들에 있을 때에 가인이 그의 아우 아벨을 쳐 죽이니라"$^{창\,4:3-6,8}$.

루벤스, 〈아벨을 살해하는 가인〉, 1608-1609. 패널에 유화, 코톨드미술관, 런던

윌리엄 아돌프 부그로, 〈첫 번째의 비탄/아벨의 죽음을 슬퍼하는 아담과 이브〉, 1888, 캔버스에 유화, 203X252cm, 국립회화미술관, 부에노스아이레스, 아르헨티나

가인은 땅의 소산곡식이나 과일으로 제사를 드렸고, 아벨은 양의 첫 새끼와 그 기름으로 드렸더니 여호와는 아벨의 제물은 좋게 여겨 받으셨으나, 가인의 제물은 받지 않았다. 이에 분노한 가인은 들에서 동생 아벨을 쳐 죽였다. 인류 최초의 살인자가 된 것이다.

　루벤스의 〈아벨을 살해하는 가인〉을 보면 동생을 죽이는 가인의 분노에 찬 얼굴이 섬뜩하다. 저 멀리 아벨이 드린 제단의 모습이 보인다. 왼손으로 아벨의 목을 틀어잡고 오른손으로 그를 힘껏 칠려는 찰나이다. 살인 도구를 나타낼 때 유럽 문학에서는 통상적으로 짐승의 턱뼈를 그린다. 오른손을 높이 든 아벨의 모습이 애처롭다. 이 그림이 소장된 코톨드 미술관은 아름다운 작품을 많이 가진 런던의 아담한 미술관으로 유명하다.

　창세기의 우주창조의 신비한 과정과 꿈 같은 에덴동산에 잠시 취하다가 가인과 아벨의 이야기에 오면 갑자기 가슴이 꽉 막히고 답답해진다. 고등학교 시절 처음 접한 가인의 살인은 큰 충격이었다. 하나님의 형상을 따라 창조되었다는 인간의 첫 작품이 근친 살인사건이란 말인가? 왜 가인의 제사를 받지 않았는지에 대한 명확한 설명도 없다. 아벨의 제사는 기쁘게 받으셨는데 바로 그 일로 인해 착한 아벨이 죽게 되다니 혼란스러웠다. 가인이 아벨을 죽인 후에야 "네 아우 아벨이 어디 있느냐?"고 물으셨던 하나님은 왜 좀 더 일찍 말리지는 못하셨을까? 하나님은 아담과 이브가 에덴동산에서 추방될 때에도 가죽옷을 지어 입혀서 세상에 나가 살 때에 그들이 잘 보호되기를 원하셨던 분이신데 말이다. 아담과 이브는 형제간의 불화로 아들을 잃은 그 슬픔이 또한 얼마나 컸을까?

　프랑스의 신고전주의 화가인 부그로William-Adolphe Bouguereau, 1825-1905가 그린 그림 〈첫 번째의 비탄/아벨의 죽음을 슬퍼하는 아담과 이브〉는 나의 생각을 대변해 주고 있는 듯했다. 마치 성모가 죽은 예수를 안고 오열嗚咽하는 미켈란젤로의 조각 피에타^{Pieta}와 같이 아들의 죽음에 대해 가슴 찢어지는 아픔을 표현하고 있다. 아벨이라는 이름에 담긴 뜻처럼 '허무'^{虛無}와 '인생무상'^{無常}으로 넋이 나간 모습이다.

고교시절 듣게 된 가인의 제사는 받지 않고 아벨의 제사만 받으신 이유는 다음과 같았다.

"하나님께서는 원시시대부터 생축을 제물로 제정하셨다. 아벨의 제물은 하나님께서 제정하시고 명하신 대로 드려졌기 때문에 열납되었다."

그 순간 이런 생각이 머리를 맴돌았다. "하늘에 계신 그분은 육식을 좋아하시는가? 더욱이 생고기를?" 모태신앙인 나의 청년 시절은 이런 풀리지 않는 의문으로 언제나 목말라 있었다. 제사법을 기록한 레위기를 보면 가난한 사람은 양이나 염소 대신 집비둘기나 산비둘기로 해도 괜찮다고 하셨다. 더구나 떡이나 곡식가루도 드릴 수 있는데 가인이 땅의 소산으로 드린 것이 무슨 잘못일까 하는 생각이 들었다.

창세기 기사를 주의 깊게 읽어 보며 깨달은 것이 있다면 가인은 땅의 소산으로 제사를 드렸는데 "가인과 그 제물$^{Cain\ and\ his\ offering}$은 좋게 여기지 않아 받지 않으셨다"$^{장\ 4:3-5}$라는 것이다. 제물만 받지 않은 것이 아니고, 오랫동안 살펴본 가인이라는 인격을 받아들이지 않은 것으로 이해된다. 또한 아벨은 첫 열매를 드렸으나 가인은 그런 감사와 정성도 없다. 생축을 드렸는가의 문제가 아니다. 중요한 것은 자기 잘못을 뉘우칠 줄 모르고 분하여 안색이 변하는 태도와 "내가 아우를 지키는 자이니까" 하는 뻔뻔스러운 인격과 성별^{聖別}할 줄 모르는 마음의 가인을, 그리고 그런 그의 제물을 받지 않으신 것이다. 우리의 제사는 어떠한가? 하나님께서 흡족해하시는 제사를 드리고 있는지 되돌아보자.

그리스인 데오파네스, 〈족장 아벨〉, 프레스코, 1378. 그리스도의 변모 기념교회, 벨리키 노브고로드, 러시아.

그리스인 데오파네스는 그리스계 러시아인으로 그리스 비잔틴 스타일 화가이다. 아벨은 성인으로 추대되어 아브라함이나 야곱의 열두 아들처럼 족장이란 칭호를 붙였다. 이 프레스코는 고대 러시아 역사도시인 노브고로드에 있는 그리스도의 변모 기념교회에 있다.

할아버지는 위대하다—야곱

　13세기 모건바이블에 실린 삽화인 〈에브라임과 므낫세에게 축복하는 야곱〉을 발견하였을 때 참 놀라왔다. 오랫동안 찾아온 보물을 만난 것도 행운이고 그림 제목에서 동생의 이름을 앞세운 것도 특이했다. 야곱이 팔을 어긋맞게 얹어서 축복기도를 하는 이 장면은 성경에서도 상당히 이례적인 사건이다. 늙은 할아버지가 높은 의자에 올라앉아서 눈을 지그시 감고 평안한 모습으로 두 손자의 머리에 손을 얹고 축복기도를 하고 있다. 그런데 옆에 선 두 사람과 고개를 숙인 두 손자도 표정이나 자세가 이상하다. 도대체 무슨 일일까? 흰 구레나룻 수염이 난 이 할아버지는 130세 나이의 야곱이다. 푸른색 도포를 두르고 유대인들이 즐겨 쓰는 빵떡모자를 쓴 야곱은 유대인의 조상으로서 매우 존경받는 인물이다.

　야곱은 어릴 적에 죽은 줄 알았던 가장 사랑하는 아들인 요셉의 초청으로 애굽에서 살게 되었다. 요셉은 애굽^{이집트왕국}에 팔려 와서 어려움을 이겨 내고 애굽 왕 바로의 신임을 받아 총리대신이 되어 있었다. 야곱은 애굽 왕 바로를 처음 알현할 때도 "내 나그네 길의 세월이 130년이며 험한 세월을 보내었나이다." 하고 말하고는 그를 축복하였다.

　야곱은 늙고 병들어 임종하기 전에 아들 요셉에게 이집트에서 자라난 손자들을 데려오게 하고 축복기도를 하고자 한다. 통상적으로 유대인들은 능력의 상징인 오른손으로 장자를 축복했다. 따라서 총리인 아들 요셉은 그의 맏아들이며 붉은 옷을 입은 므낫세를 할아버지 오른손 앞에 앉게 하였고, 왼

〈에브라임과 므낫세에게 축복하는 야곱〉, 모건바이블, 북부 프랑스지역, 1250년경, 모건도서 박물관, 뉴욕

손 앞에는 자주색 옷을 입은 요셉의 둘째 아들 에브라임을 앉게 했다. 그림을 보면 요셉의 아내인 제사장의 딸 아스낫도 푸른 옷을 입고 그 옆에 서 있다.

그런데 할아버지가 손자의 머리에 축복하면서 갑자기 팔을 어긋맞게 얹어서 오른손을 아우의 머리에 올리고 왼손을 장자에게 올렸다. 아들과 며느리가 할아버지에게 "그리하지 마소서" 하며 손을 흔들며 만류하고 있으며 두 손자도 당황한 표정이 역력하다. 그러나 할아버지는 "나도 안다, 하지만 형보다 아우가 더 큰 자가 되리라" 하며 축복기도를 하고는 두 손자를 자기의 아들로 삼아 상속권을 주겠다고 선포한다. 결국 요셉은 장자가 아닌 열한 번째 아들이었지만 장자와 같은 갑절의 축복을 받았다.

이와 관련해서 6세기 초에 제작된 비엔나 창세기에도 야곱의 축복 장면이 실려 있다. 축복의 장소가 애굽 북부의 황량한 들판인 점이 특이하다. 사본에 그린 채색 삽화로는 가장 오래된 것으로 평가받는 이 유명한 책에서 야곱이 축복할 때 손을 어긋맞게 올려서 장자인 므낫세보다 동생인 에브라임에게 오른손으로 축복한 삽화를 발견하다니 참으로 감동적이다.

손자에게 축복을 마친 야곱 할아버지는 이번에는 열두 아들을 불러 마지막 축복과 예언을 한다. 야곱은 여기서도 예상 밖의 축복을 한다. 아들들의

〈에브라임과 므낫세를 축복하는 야곱〉. 비엔나창세기, 6세기 초, 템페라, 자주색 양피지에 금은 잉크, 12 1/2×9 1/4인치, 비엔나국립도서관

이름을 부르면서 축복과 예언을 선포하는데 아버지의 첩 빌하와 동침한 장자 르우벤에게는 별다른 축복의 메시지를 주지 않지만 유다와 요셉에게는 넘치는 축복을 내린다.

　야곱의 축복과 예언은 그대로 적중되었던 것일까? 야곱의 자손들은 애굽에서 430년간 노예 같은 삶을 살다가 모세의 영도 아래 애굽을 탈출하여 젖과 꿀이 흐르는 가나안에 들어가기 전 40년간의 광야생활을 할 때 제1차 인구조사를 실시하였다. 그 결과 12지파 중 유다와 요셉두 아들의 자손들이 인구가 가장 많았다. 광야를 행군할 때는 성막 일을 담당하는 레위 지파를 제외시키고 그 대신 요셉의 두 아들 에브라임아우과 므낫세형 지파를 12지파 중의 한 지파로 승격시켰다. 12지파를 전투대형으로 배치할 때의 제1사령관은 유다, 제3사령관은 에브라임 지파였다. 또한 가나안 정탐을 한 후에도, 유다 지파 갈렙과 에브라임 지파 여호수아만이 이길 수 있다고 주장하였고 그 결과 그 둘만이 출애굽 세대 중 유일하게 가나안에 들어갈 수 있었다. 특히 모세는 민족지도자 후임으로 에브라임 지파의 여호수아를 지명한 점을 보아도 야곱의 축복과 예언은 의미심장하다.

　가나안 땅을 정복한 후에 제비를 뽑아서 땅을 분배할 때에도 이상하게도 유다와 에브라임 지파가 좋은 땅을 우선적으로 먼저 차지하였다. 어디 그뿐인가? 남부 유대 왕국의 왕은 다윗 이후 유다 지파가 왕권을 계승하였고, 북부의 이스라엘 왕국은 에브라임 지파가 왕이 되어 주도하는 축복을 받았다. 유다 지파는 무엇보다도 예수 그리스도가 태어난 지파가 되는 은혜를 받는다. 물론 축복이라는 것이 보이는 잣대로만 판단할 수 없고 나의 사적인 시선과 판단도 개입되었지만 눈도 어둡고 육신을 가누기 힘든 노경에 자식들에게 한 야곱 할아버지의 축복의 기도가 어느 정도는 영향을 주었다고 해도 되지 않을까 생각해 보았다.

위대한 할아버지 야곱은 젊은 시절에 사랑하는 라헬을 아내로 들이기 위해 14년간 처가에서 머슴살이를 했던 정열이 넘치는 사나이였다. 또한 귀향할 때에는 믿음의 조부 아브라함과 아버지 이삭이 여호와로부터 받은 언약을 생각하며 천사와 씨름까지 하면서 '이스라엘'이라는 새 이름을 얻었다. 먼 후대에 그의 후손인 유대인들은 2000년 동안 고향을 등지고 전 세계를 유랑하다가 1948년 독립할 때에 이 위대한 할아버지의 이름을 따서 나라 이름을 '이스라엘'로 명명하였다.

이 땅의 할아버지들은 날로 왜소해지는 듯 보인다. 그러나 성경말씀을 따라 믿음을 지키며 살아가는 믿음의 본과 자녀를 축복하는 할아버지는 예나 지금이나 실로 위대하다 하겠다.

램브란트, 〈천사와 씨름하는 야곱〉, 1659년경, 캔버스에 유채, 게멜데갤러리, 베를린

램브란트의 〈천사와 씨름하는 야곱〉을 보면 인간적으로 패배를 모르던 야곱이 기진맥진해 보인다. 야곱은 형 에서를 만나기 전 두려움으로 잠을 이루지 못한다. 그는 얍복강가에서 천사와 날이 새도록 씨름을 한다. 세속적으로 살던 그가 영적으로 거듭나는 계기가 되는 영적 대결이었다. 해가 뜬 브니엘의 아침은 새로운 시작이었다. 남을 속이고 야심만만했던 인간 야곱은 하나님이 주신 칭호인 '이스라엘'을 받고 180도 변화된 것이다.

태양아 중천에 멈추어라―여호수아

　우주가 운행하는 중에 태양이 어느 도시 상공에서 서산으로 넘어가지 않고 중천에 오랫동안 멈추어선 사건이 있었다면 우리는 그런 엄청난 일을 믿을 수 있을까? 놀라운 일이긴 하지만 성경에는 그런 사건이 분명히 기록되어 있다. 영국 낭만주의 대표적 화가인 마틴의 〈태양을 멈추게 명하는 여호수아〉를 보면 태양이 멈추는 광경이 신비롭다. 마틴은 〈소돔과 고모라의 멸망〉, 〈바빌론의 붕괴〉 등 성경의 묵시록과 우주적인 환상을 주제로 장대한 분위기를 잘 묘사하였다.
　마틴의 〈태양을 멈추게 명하는 여호수아〉라는 작품을 먼저 살펴보자. 투구를 쓴 젊은 지도자인 여호수아가 오른손으로 기브온 하늘에 멈추어 선 태양을 가리키며 "여호와께서 내 기도를 들어주셨다. 우리는 승리한다."고 외치면서 독전하고 있다. 모세의 뒤를 이어 이스라엘의 지도자가 된 젊은 여호수아와 이스라엘 백성은 가나안을 목전에 두고 요단강이 육지가 되는 경험을 한다. 요단강은 북쪽의 헤르몬산에서 시작하여 사해로 들어가는 긴 강으로 팔레스타인을 동서로 나누는 천연적인 경계이다. 도도한 강물이 가로막는 이 장벽 앞에서 젊은 지도자 여호수아는 약속의 땅을 주시겠다는 말씀에 의지하여 제사장들이 멘 언약궤를 선두로 하여 강물에 들어선다. 벤자민 웨스트도 불기둥으로 인도하는 이 위대한 순간을 신비하게 그리고 있다.
　하지만 이렇게 놀라운 체험과 함께 들어간 가나안이지만 그들에게 가나안 정복이라는 또 다른 숙제가 주어진다. 이스라엘은 불순종으로 인한 아이성

마틴, 〈태양을 멈추게 명하는 여호수아〉, 1848, 캔버스에 유채, 151x264cm, 커클리스 미술관, 웨스트요크셔, 영국

전투의 패배도 있었지만 이 한 번의 전투를 제외하고는, 치르는 전투마다 승리를 거두게 되었고 차츰 가나안인들에게 공포의 대상이 되어 간다. 가나안 토착민들의 이스라엘 민족에 대한 증오심과 공포감이 증폭되던 중, 가나안 토착민 중 하나인 기브온 백성들과 이스라엘의 화친 사건을 계기로 이스라엘과 예루살렘, 헤브론, 야르뭇, 라기스, 에글론 왕을 중심으로 이루어진 아모리 연합군 사이에 전쟁이 벌어진다. 예루살렘은 '평화의 도시' 또는 '평화의 기반'이라는 뜻을 가지고 있다. 이러한 이름에 어울리지 않게 예루살렘이 속한 이 이스라엘 땅에 역사적으로 수많은 전쟁과 피 흘림이 있었다는 것은 매우 역설적이라고 할 것이다.

메소포타미아지대의 바빌론, 아시리아와 나일강 유역의 이집트제국 간의 예루살렘 쟁탈전과 로마제국에 의한 예루살렘 파괴와 지배, 그리고 셀주크 투르크의 지배를 받던 예루살렘 성지를 회복하자는 200년 동안의 십자군전쟁이 있었다. 지금도 예루살렘은 이스라엘과 팔레스타인으로 양분된 채 전쟁이 그치지 않고 있다. 여호수아는 아모리 연합군과의 전투 가운데 모든 이스라엘 사람들 앞에서 여호와께 아뢰었고 여호와께서 그 기도를 들어주셨다고 기록되어 있다.

벤자민 웨스트, 〈언약궤와 함께 요단강을 건너는 여호수아〉, 1800, 목판에 유채, 677×895㎜, 뉴사우스웰스미술관, 시드니

"태양아 너는 기브온 위에 머무르라 달아 너도 아얄론 골짜기에서 그리할지어다 하매 태양이 머물고 달이 멈추기를 백성이 그 대적에게 원수를 갚기까지 하였느니라 야살의 책에 태양이 중천에 머물러서 거의 종일토록 속히 내려가지 아니하였다고 기록되지 아니하였느냐"수 10:12-13.

"태양아 멈추어라"Sun stands still는 많은 화가들의 작품테마로 유명한 구절이 되었다. 1702년에 발간된 종교개혁가 마틴 루터의 독일어 성경에도 〈태양아 멈추어라〉란 작가미상의 삽화가 있다. 처음으로 태양이 정지된 기록을 읽으면서 제일 먼저 떠오른 생각은 먼 옛날 기원전 12세기경에 기록된 여호수아서는 그때 학교에서 배운 프톨레마이오스의 천동설2세기이나 코페르니쿠스의 지동설16세기이 나오기 전이니까 그것과는 관련이 없겠지 하는 정도였다. 그 후 영어성경을 읽을 때에는 이 부분이 다른 앞뒤 구절과는 달리 시적 운율에 맞추어 기록한 것을 보고 "태양아 멈추어라"는 시적 표현이구나 하고 생각했다.

여러 가지 주석서를 찾아보니 역시나 많은 이론들이 있었다. 태양이 정지된 것이 아니라는 주석들을 보면 시적 표현일 뿐이라는 주장과 전쟁이 치열하여 시간계산에 혼동이 생겼을 것이라는 주장, 구름이 낀 하늘이 되게 해달라고 기도했다거나 심지어 이 구절은 본문이 완성된 후에 삽입된 것으로 신빙성이 없다는 주장도 있었다. 이와는 달리 이 구절을 역사적 사실로 인정하면서도 옛날 그리스와 이집트, 중국과 멕시코, 힌두교 문헌에서 태양이 멈추었던 일이 있었다는 과학적 증거까지 인용하여 주장하는 이도 있다. 많은 이론들을 설명하며 자세한 주석을 달기로 유명한 NIV 스터디 바이블에는 이 역사적 사실에 대해서는 별다른 주석을 달지 않았다. 이렇듯 여러 의견들이 있지만 성경에 기록된 사실 이외의 거론되는 모든 이론들은 사실상 무의미하다는 것이 나의 생각이다.

성경에서 전쟁영웅담을 구체적으로 기록한 이스라엘의 고대문서인 야살의 책^{Book of Jashar}에 "태양이 중천에 머물러서 거의 종일토록 속히 내려가지 아니하였다고 기록하지 아니하였느냐"고 명시한 부분을 몇 번이고 되풀이해 읽으면 "더 이상 의심하지 말라"는 무언의 울림이 있다. 그것은 역사적 전쟁에 대한 결론부분을 성경은 이렇게 기록하고 있기 때문이다.

"여호와께서 사람의 목소리를 들으신 이 같은 날은 전에도 없었고 후에도 없었나니 이는 여호와께서 이스라엘을 위하여 싸우셨음이니라"^{수 10:14}.

이 전쟁은 단순히 여호수아와 아모리 족속을 비롯한 인간들의 전쟁이 아니다. 젖과 꿀이 흐르는 가나안땅의 중심인 예루살렘을 차지하기 위해 벌어진 역사상 전무후무한 야훼신과 가나안 토착신들 간의 전쟁이었음을 우리에게 들려주고 있다. 신들의 전쟁을 누가 감히 사실이냐 아니냐 따지고 들 것인가? 그것을 지금 우리 인간에게 묻고 있는 것이다.

콜랭 누아일러^{추정}, 〈훌륭한 9인 중 하나인 여호수아〉, 리모주 채색 에나멜 플라크, 16세기 중반. 직경 21cm, 루브르박물관, 파리

여호수아는 중세 유럽인들에게 역사와 성경 그리고 전설 속에서 기사도정신의 이상형으로서 인기가 있던 '훌륭한 9인'the Nine Worthies의 하나였다. 훌륭한 9인은 이방인, 유태인, 그리고 기독교인 중 각각 3인씩으로 되어 있다. 이방인으로는 트로이군의 총사령관이었으며 호메로스의 〈일리아스〉에서 이상적인 전사이자 트로이의 지주로 묘사된 헥토르Hector와 알렉산더 대왕, 그리고 고대 로마의 정치가요 장군이며 작가인 율리우스 카이사르Julius Caesar이다. 유태인으로는 첫째가 여호수아이고, 다음은 다윗 왕, 그리고 안티오코스 4세 에피파네스의 침략으로부터 조국과 유대종교를 지키고 전사한 유대인 유격대 지도인인 마카베오Judas Maccabeus이다. 훌륭한 기독교도 3인으로는 5세기 말에서 6세기 초에 색슨족 게르만인의 브리튼 침략을 막아낸 켈트인들의 전설적인 군주인 '아서 왕'King Arthur과 카롤링거 왕조의 제2대 프랑크 국왕으로 서유럽의 정치적 종교적인 통일을 이룩하고 카롤링거 르네상스를 이룩한 '샤를마뉴Charlemagne 황제', 그리고 제1회 십자군의 지도인인 '고드프로아 드 부용'Godefroy de Bouillon이다.

싹이 나고 꽃이 핀 지팡이–아론

성경의 사건을 그림으로 그린 성서화 중에서 아론의 싹이 난 지팡이 삽화를 발견하였을 때 온 몸에 밀려오던 감동을 지금도 잊을 수 없다. 그것도 전면도판 크기로 채색된 중세 필사본메뉴스크립트로는 거의 유일무이하다보니 흥분과 감사가 오래 지속되었다.

"이튿날 모세가 증거의 장막에 들어가 본즉 레위 집을 위하여 낸 아론의 지팡이에 움이 돋고 순이 나고 꽃이 피어서 살구 열매가 열렸더라"민 17:8.

하나님의 명하심을 따라 각 지파에서 낸 12개의 지팡이 중에서 레위 지파를 대표하는 아론의 지팡이에서 "움이 돋고 순이 나고 꽃이 피어서 살구열매가 열렸더라"는 기적이 일어난 것이다. 성경과 삽화를 번갈아 묵상하면서 회막에 핀 살구꽃이 내 가슴을 벅차오르게 했다.

「북프랑스 히브리문집」[1] 속의 여러 삽화 중에서 대영박물관 소장본인 〈아론의 지팡이〉에는 꽃이 피고 살구열매가 열린 아론의 지팡이 그림 아래에 "여기에 열두 개 지팡이가 있다. 그들 지팡이 가운데에 아론Aaron의 지팡이가 있다."라고 기록하고 있다.

---

1. 영국 국립도서관이 소장한 히브리 문헌으로서 가장 귀중한 보물의 하나이다. 이 자료는 13세기에 유럽지역 유대인들의 격변기에 완성된 자료로서 한 권의 책이 아니라 하나의 도서관이라 할 만한 다양하고 광범위한 자료가 집합되어 있다.

〈아론의 지팡이〉, 북프랑스 히브리 문집, 1277-1286, 영국국립도서관, 런던

〈대제사장 아론과 메노라〉, 북프랑스 히브리문집, 1277-1286. 영국국립도서관, 런던

「북프랑스 히브리문집」의 삽화인 성소에 세워 둔 일곱 등잔의 성서적 의미에 대하여는 '온 세상에 두루 행하는 여호와의 눈'슥 4:10이며 '교회의 상징'계 1:12으로 규정하고 있다. 따라서 성막 내부를 비추던 등대의 빛은 하나님께로부터 비쳐 나오는 '진리의 빛'을 상징하는 것이기 때문에 그리스도의 교회는 세상을 비추는 진리의 빛이 되어야 함을 말해 주고 있다.

지팡이에 꽃이 핀 이 기적 같은 사건이 생겨난 과정을 이해하자면 우리는 기원전 1440년으로 되돌아가서 지중해 아래 시나이반도의 광야를 40년 동안 유랑하던 250만 명에 달하는 이스라엘 자손의 거대한 민족대이동을 이해하여야 한다. 이스라엘 민족은 모세의 인도로 이집트의 노예생활에서 해방되어 희망의 땅 가나안을 향해 출발한 때부터 원망과 반역으로 일관하였다. 홍해를 건넌 지 사흘 만에 물이 써서 마시지 못하겠다고 불평하고, 한 달이 지나자 이집트에서 종살이할 때 가마 곁에서 얻어먹던 떡과 고기가 그립다고 원망하자 하나님은 아침에는 만나를 내리고 저녁에는 메추라기를 잡아 고기를 배부르게 먹게 하였다.

산드로 보티첼리, 〈고라에 대한 형벌〉, 프레스코, 1481-1482. 348.5×570cm, 시스티나성당, 바티칸

인간들은 배고픈 허기를 면하면 명예욕이 꿈틀거리기 마련이다. 모세의 사촌 형제인 고라가 반란을 일으켰다. 같은 레위 자손이지만 자기들은 성막 운반이나 보조업무를 담당하는데 모세는 최고 지도자이며, 아론은 대제사장이란 사실이 불공평하다는 것이다. 이스라엘의 불만세력들은 지도자를 불신하고 하나님을 원망하였다. 그때마다 하나님은 진노하고 징계를 내려 악한 자를 심판하였다. 결국 반역자 고라 일당 250명은 불타는 향로를 안은 채 땅이 꺼져 산 채로 깊은 땅 속에 묻혀 죽고 말았다.

이탈리아의 초기 르네상스 화가인 보티첼리는 반란을 주동한 고라 일당의 성경 이야기를 바탕으로 〈고라에 대한 형벌〉을 그렸다. 이 프레스코에는 세 가지 장면이 함께 있다. 오른쪽에는 모세에게 돌을 치려는 반란자를 여호수아가 막고 있고, 가운데는 주교관을 쓴 아론이 공격당하고 있으며, 왼쪽에는 모세가 이 반란자들을 벌하도록 하나님께 간구하고 그들이 땅이 꺼져 죽는 모습이다. 뒤에 보이는 건물은 최초의 기독교 황제인 콘스탄틴 대제가 로마 콜로세움 근처에 세운 문이며, 건너편에는 천국열쇠를 받은 베드로 장벽이다. 당시 식스투스 교황이 교황의 권위를 위해 이 프레스코를 시스티나 예배당에 장식하게 하였다.

이와 같이 엄격한 징계를 보여 준 하나님은 아론의 가문이 대대로 대제사장직을 맡는 가문임을, 모든 이스라엘 족속이 다시는 의심하지 않도록 신뢰의 표상을 부여하기 위하여 12지파 대표에게 명령하였다. 각 지파 대표는 자기 지팡이에 이름을 써서 가져오되 레위지파는 아론의 이름을 쓰라고 했다. 그런 후 각 지파에서 낸 12개의 지팡이를 광야성전인 회막 안 지성소의 법궤^{증거궤} 앞에 두라고 명령하면서 "내가 택한 자의 지팡이에서는 싹이 날 것이다."라고 선언하였다.

제라드 호엣, 〈아론의 꽃이 핀 지팡이를 지파들에게 보여 주는 모세〉, 라헤이성경, 1728.
동판화, 오클라호마대학, 헤이그

이튿날 이스라엘 자손 앞에서 지팡이를 꺼내 보니 아론의 지팡이에서만 "움이 돋고 순이 나고 꽃이 피어서 살구열매가 열린 것"을 확인하였다. 여호와께서는 모세로 하여금 싹이 난 아론의 지팡이를 법궤 앞에 보관하라고 명하셨다. 살구꽃과 살구열매공동번역에서는 감복숭아에서 살구라는 뜻의 히브리어 '샤케드'는 '깨어 있다', '지키다'의 뜻도 있으므로 하나님의 택하심을 받고 있는 레위지파 중 아론과 그 직계의 대제사장직이 절대임을 표징해 줄 뿐만 아니라 하나님이 이스라엘을 깨어 지키신다는 상징으로 해석되고 있다.

18세기 헤이그에서 제작된 라헤이성경에는 동판화인 〈아론의 꽃이 핀 지팡이를 지파들에게 보여 주는 모세〉가 있다. 모세가 싹이 나고 꽃이 핀 아론의 지팡이를 들고 있으며 다른 지팡이는 지파 대표들에게 돌려주고 있다. 하나님은 항상 최고의 방법으로 이스라엘 백성들을 지켜주시건만 깨닫지 못하는 이스라엘 백성들 때문에 기적으로 하나님의 뜻을 보여 주고 계신다. 이런 하나님의 기적을 성경 곳곳에서 발견하면 그분의 헤아릴 수 없을 만큼 큰 뜻과 섭리에 감동하게 된다.

밤낮으로 눈을 뜨시고 살펴주소서 – 솔로몬

"그는 벤 풀 위에 내리는 비같이, 땅을 적시는 소낙비같이 내리리니 그의 날에 의인이 흥왕하여 평강의 풍성함이 달이 다할 때까지 이르리로다 그가 바다에서부터 바다까지와 강에서부터 땅 끝까지 다스리리니"시 72:6-8.

솔로몬 왕의 취임사의 한 구절이다. 쉽게 풀이해 보자면 "왕이 백성에게 풀밭에 내리는 비처럼, 땅에 떨어지는 단비처럼 되게 해 주옵소서. 그가 다스리는 동안 정의가 꽃을 피우게 해 주시고, 저 달이 다 닳도록 평화가 넘치게 해 주옵소서."란 뜻이다. 후세의 어떤 통치자도 이렇게 진정으로 국민을 사랑하는 아름다운 취임사를 한 적이 없다. 세상에서 이스라엘의 솔로몬 왕처럼 지혜와 영화를 누린 임금은 없었다고 성경은 기록하고 있다. 그는 잠언서를 비롯해 삼천 개의 지혜의 글을 남겼고, 아가서를 비롯한 1,005편의 노래를 지었다.

솔로몬의 지혜에 관해서는 그 유명한 솔로몬의 재판도 있지 않은가? 지우세페 카데스의 〈솔로몬의 재판〉이란 그림에서 보듯 솔로몬 왕이 칼을 가져오게 한 후 "살아있는 이 아이를 둘로 나누어서 반쪽은 이 여자에게 주고, 나머지 반쪽은 저 여자에게 주어라"는 명판결을 통해 산 아이의 친어머니를 찾아 주었다는 성경의 기록 말이다.

지우세페 카데스, 〈솔로몬의 재판〉, 18세기 말, 왕립미술아카데미, 런던

솔로몬 왕의 지혜와 영화의 원천은 무엇일까? 성경의 기록을 따라가다 보면 기브온의 꿈과 성전건축이라 할 수 있을 것이다. 그가 왕에 취임하자 처음 한 것은 백성 1천 명을 데리고 성막이 있는 기브온에서 번제를 드린 일이다. 그날 밤에 솔로몬 왕이 꿈을 꾸었다.

17세기 화가 루카 지오르다노의 〈솔로몬의 꿈〉이란 작품을 보면 꿈이 너무나 황홀하다. 성경의 기록에는 그날 밤 솔로몬의 꿈에 하나님께서 솔로몬에게 나타나셔서 "내가 너에게 무엇을 주기를 바라느냐?"고 말씀하셨을 때에 "지혜로운 마음을 주셔서 백성을 재판하고 선과 악을 분별할 수 있게 해

주소서."라고 기도하였다. 이에 하나님은 "내가 지혜와 지식을 너에게 줄 뿐만 아니라, 부와 재물과 영화도 주겠다."고 축복하였다. 세상의 영화를 구하지 않고 참된 지혜를 구한 합당한 기도에 대한 응답인 것이다. 그리하여 솔로몬 왕은 이스라엘 민족이 이집트 땅에서 나온 지 480년 만에 예루살렘에 레바논 백향목과 올리브나무로 성전을 지었다. 건설 노무자만 3만 명에 자재운반공 7만 명, 채석공 8만 명, 공사감독관 3,300명에 이르는 역사적인 공사였다.

성전봉헌식도 장관이었다. 화목제사에 소 2천 마리와 양 12만 마리를 드렸다. 이 숫자는 봉헌식에 참석한 인원을 말해 주는 것 같다. 전 국민이 동참한 이날에 솔로몬 왕은 제단 앞에 서서 하늘을 바라보며 두 팔을 들어서 펴

루카 지오르다노, 〈솔로몬의 꿈〉, 1693년경, 캔버스에 유채, 245×361㎝, 프라도박물관, 마드리드

고 기도했다.

"주께서 밤낮으로 눈을 뜨시고 이 성전을 살펴주옵소서 그리고 주의 종인 나와 주의 백성 이스라엘이 이곳을 바라보며 기도할 때에 그 기도를 들어 주옵소서"왕상 8:29.

참으로 감격스럽고 위대한 기도였다. 훗날 이스라엘 민족의 바벨론 포로시절에 이스라엘 후손들은 이 봉헌기도대로 예루살렘 성전을 향해 기도하여 해방의 기쁨을 맛보게 된다. 솔로몬이 40년 동안 예루살렘에서 온 이스라엘을 다스리는 동안 북쪽의 유프라테스 강에서부터 남쪽의 이집트 국경에 이르기까지 이스라엘은 강력한 왕국이었다. 전차를 끄는 말을 두는 마구간 4만 칸과 군마 만 이천 필을 가지고 있었다. 인근의 많은 왕들이 솔로몬의 지혜를 듣고 배우려고 몰려왔다. 아라비아에서 온 시바Sheba의 여왕은 "임금님의 지혜에 관한 소문은 믿지 못하였는데 내 눈으로 직접 확인하고 보니 오히려 내가 들은 소문은 사실의 절반도 안 되는 것 같습니다."라고 감탄할 정도였다.
솔로몬의 지혜와 관련하여 성경의 궁금증이 하나 더 있다면 그것은 그가 식물과 동물에 관한 지혜도 소유하였다는 대목이다.

"그가 또 초목에 대하여 말하되 레바논의 백향목으로부터 담에 나는 우슬초까지 하고 그가 또 짐승과 새와 기어다니는 것과 물고기에 대하여 말한지라"왕상 4:33.

자연계에 대한 그의 지식과 관련하여 구약을 부분적으로 수용하는 이슬람교에서는 한술 더 떠서 솔로몬이 동물들을 모으는 능력과 모든 창조물에 대해 부리는 능력을 가진 선지자라고 한다.

〈지혜와 부의 축복을 받은 솔로몬 왕〉

17세기 페르시아 열왕기 Persian Book of Kings의 삽화 중에 〈지혜와 부의 축복을 받은 솔로몬 왕〉이라는 그림이 있다. 푸른 하늘에는 공작새를 비롯한 길조들이 비상하고 옥좌 앞 초록색 카펫에는 사자와 코끼리, 원숭이, 기린, 사슴 등 각종 짐승이 솔로몬 왕 앞을 가득 채우고 있다. 솔로몬의 옥좌 뒤에는 날개 달린 3인의 천사가 있다. 짐승 모양의 정령도 여섯이나 있다. 즉, 솔로몬을 정령까지 다스릴 능력을 가지고 있는 것으로 그린 것이다.[2]

'정령' jinn 진이란 코란에 등장하는 비현실적 존재로 오늘날에 요정으로 자주 소개된다. 아라비아 동화 「요술램프」의 지니도 정령에서 유래한 말이다. 이슬람 신화에서 알라 Allah는 빛으로 천사를 만들고, 흙으로 인간을 만들고, 불로 정령을 만들었다고 한다. 그러나 솔로몬의 지혜는 식물이나 동물의 식물학이나 동물학자의 학술적 지혜를 의미하는 것이 아니다. 이슬람 자료에서와 같이 창조물을 부리는 특별한 능력이 있다는 말은 더더욱 아니다. 그의 지혜는 잠언에서 읽을 수 있듯이 식물이나 동물을 자세히 관찰하여 그 습성을 통해 도덕적 또는 종교적 교훈을 전달한 것이다. 솔로몬은 지혜서를 통해 사람들에게 경애와 의리를 가르쳤고 또 그들을 하나님께로 인도하였다. 기브온의 밤은 솔로몬과 이스라엘에게는 축복의 밤이었다.

---

2. King Solomon covered in wisdom and wealth, miniature from Shahnameh or The Persian Book of Kings, by Ferdowsi.

이삭 아스크나지, 〈헛되고 헛되니 모든 것이 헛되도다〉, 19세기

유대계 러시아 화가인 이삭의 이 그림은 금사자상을 배치한 호화로운 궁전 보좌에 앉아서 명상에 잠긴 늙은 솔로몬 왕을 그렸다. 이스라엘을 통일하고 가장 왕권을 누리며 지혜롭던 왕이었다. 그러나 늙어가면서 그는 이 세상의 권세, 명성, 쾌락과 지혜도 인생 전반을 놓고 봤을 때는 헛되고 공허한 삶이라는 반성과 명상에 잠기게 되었다. 그리하여 솔로몬은 전도서에서 하나님을 경외하고 계명을 지켜야 한다고 외치게 된다.

제5장
구원과 섭리의 순간들

우물가의 여인처럼 난 구했네

"사마리아에 있는 수가라 하는 동네에 이르시니 야곱이 그 아들 요셉에게 준 땅이 가깝고 거기 또 야곱의 우물이 있더라 예수께서 길 가시다가 피곤하여 우물 곁에 그대로 앉으시니 때가 여섯 시쯤 되었더라"요 4:5-6.

예수와 제자들은 유대를 떠나 갈릴리로 전도여행을 떠났다. 유대에서 갈릴리로 가려면 사마리아를 거쳐야 하는데, 유대인들은 사마리아인들을 경멸하였으므로 요단 강쪽으로 우회하여 여행하는 관습이 있었다. 앗시리아의 지배를 받은 사마리아가 민족적, 종교적 순수성을 잃었다고 배척한 것이다. 그러나 예수 일행은 그렇게 하지 않고 가까운 길로 가기 위해 사마리아 길을 택했다.

사마리아 지방의 수가성 앞에 왔을 때 제자들은 음식을 구하기 위해 동네에 들어가고 예수는 동네 앞에 있는 우물가에서 쉬고 있었다. 이때 사마리아 여인이 물을 긷기 위해 우물에 왔다. 예수는 그 여인과 대화를 시작했다. 이른바 '로기온'이라고 부르는 대화형식의 말씀전도였다. 성경에는 예수가 우물가에서 여인과 만난 시간이 "여섯 시쯤 되었더라"고 기록하고 있다. 우리나라의 여러 주해서와 강해에서는 이 여섯 시를 여인의 행실과 관련시켜 해석한다.

여인이 예수가 있는 우물에 나온 시간은 유대시간으로는 여섯 시인데 우리의 시간을 기준으로 하면 낮 열두 시이다. 이때는 유대 지역에서 햇볕이

윌리엄 터너, 〈그리스도와 사마리아 여인〉, 1830, 캔버스에 유채, 145.5×237.5cm, 테이트 미술관, 런던

가장 뜨거운 때로 다니는 사람이 없다. 그러나 이 여인은 도덕적인 면에서 떳떳하지 못한 처지였기 때문에 남의 눈을 피해서 정오경에 우물에 왔다는 것이다. 나도 역시 '부끄러운 여인이기에 그러했겠지.' 하고 생각하며 살아왔다.

그러던 중 뉴욕에서 근무하던 시절 메트로폴리탄 미술관에서 렘브란트의 유화 〈예수와 사마리아 여인〉을 보고 깜짝 놀랐다. 두 사람이 만나는 장면이 환한 대낮이 아니라 어두침침한 해질녘이었기 때문이다. 47년간 이곳 미술관에서 근무한 큐레이터인 메이요A. Hyatt Mayor는 「렘브란트와 성서」 *Rembrandt and the Bible*에서 예수가 우물가에서 여인을 만난 시간은 로마인들의 속담에서처럼 개와 늑대를 분간키 어려운 파장을 외치는 시장의 초저녁 시간이라고 해설

미하이 문카치, 〈빌라도 앞의 그리스도〉, 1881, 캔버스에 유채, 417×636cm, 데리박물관, 헝가리

하였다.[1]

어떻게 된 일일까? 여러 그림들을 찾아보니 밝은 낮에 예수님이 사마리아 여인을 만나는 그림들이 많았으나 램브란트와 윌리암 터너의 풍경화인 〈그리스도와 사마리아 여인〉에서는 석양 무렵으로 묘사하고 있다.

킹제임스성경에서는 이 시간을 헬라어 원전에 따라 '여섯 시쯤'이라 기록하고 있다. 한글 역본들도 오랫동안 '제육 시'[개역한글], '여섯 시쯤'[개역개정]으로 번역하고 있다. 다만 난외주에서는 '열두 시경'으로, 공동번역과 새번역에는

---

1. A. Hyatt Mayor, *Rembrandt and the Bible*, The Metropolitan Museum of Art(New York, 1978), p. 18.

'낮 열두 시쯤'으로 쓰고 있다. 왜 이러한 혼란이 있을까? 우리가 현재 쓰고 있는 로마식 시간은 밤중기점으로 한밤중에 영시로부터 하루가 시작된다. 그러나 유대식 시간은 새벽기점으로 우리의 아침 6시가 영시이다. 요한복음에서 시간을 표시한 기사가 네 번 나오는데 그중에서 '제육 시'에 일어난 사건이 두 가지가 있다. 하나는 위에서 말한 예수가 수가성 여인을 만나는 사건이고, 또 하나는 예수가 빌라도 총독 앞에서 재판받는 사건이다.

"이 날은 유월절의 준비일이요 때는 제육시라 빌라도가 유대인들에게 이르되 보라 너희 왕이로다"요 19:14.

여기서도 유대식이라면 빌라도 앞에서 재판받은 시간이 정오가 된다. 그러나 마가복음에서는 십자가 고난을 이렇게 분명히 쓰고 있다.

"제육시가 되매 온 땅에 어둠이 임하여 제 구시까지 계속하더니"막 15:33.

예수가 십자가에 달린 시간은 제삼 시로, 로마 시간으로 아침 아홉 시이다막 15:25. 그 후 열두 시로부터 온 땅이 어두워졌고, 예수는 오후 3시경에 죽음을 맞이했다. 이런 과정은 공관복음마태, 마가, 누가복음이 동일하게 증언하고 있기 때문에 의문의 여지가 없다.

문제는 요한복음에 나오는 두 이야기의 '제육 시'에 대한 해석이다. NIV 스터디 바이블 주석을 비롯한 많은 주석들은 '제육 시'를 공관복음과 같이 오후 12시로 해석하는 입장도 있지만, 다른 한편에서 로마의 시간 개념, 곧 지금 우리가 사용하고 있는 문자 그대로의 '여섯 시'로 보는 것이 적합하다는 주장이다.

주장한 바에 따라 로마 시간의 개념으로 해석할 경우 예수가 빌라도 앞에 재판을 받았던 시간은 아침 여섯 시이고, 수가성 여인이 예수님을 만난 시간도 일반적으로 우리가 해석하는 정오가 아니라, 어둠이 깃든 저녁 여섯 시로 해석할 수 있는 여지를 갖게 된다. 이런 사실을 통해 어느 정도 렘브란트나 윌리엄 터너의 그림을 감상할 때 들었던 의문점들을 해소할 수 있었다.

시간이 어찌되었든 예수님은 수가성 여인을 찾아오셨고, 수가성 여인은 예수님을 만나 새로운 삶을 살게 되었다. 그리고 그녀는 예수님을 만난 후 자신뿐만 아니라 마을사람들에게까지 예수님을 전파했다. 나는 예수님을 언제 어떻게 만났으며, 예수님을 만난 후로 어떤 모습으로 변화되어 살고 있는지 돌아보게 한다.

안겔리카 카우프만, 〈우물가의 그리스도와 사마리아 여인〉, 1796, 캔버스의 유채, 123.5×158.5cm, 뮌헨도서관, 독일

사마리아 여인은 복 받은 여인이다. 요한복음에서 예수님께서는 니고데모와 사마리아 여인을 만나 진리를 선포하셨다. 예수님은 남자와 여자를 차별하지 않으셨다. 예수님의 첫 전도는 완전히 성공적이다. 니고데모는 향유를 들고 십자가 앞에 나왔으며, 사마리아 여인은 온 마을을 통째로 개종시켰다. 상대가 누군지 모르는 여인은 한판 붙을 태세이다. 이 그림도 예수님과 사마리아 여인이 정오가 아니라 저녁때에 만난 것으로 묘사하고 있다.

거기 너 있었는가 그때에

"거기 너 있었는가 그때에 주님 그 십자가에 달릴 때 오! 때로 그 일로 나는 떨려 떨려 떨려 거기 너 있었는가 그때에……"

이 노래는 미국에 사는 흑인들이 십자가에 달린 예수를 바라보며 눈물로 부르던 흑인 영가이다. 평생을 노예로서 고달픈 일생을 보내던 그들은 죄 없는 주가 억울하게 십자가에 달려 온갖 고초를 당한 모습을 상상하면서 그들의 삶을 신앙으로 승화시켰다. 그 구슬픈 영가가 지금 우리 찬송가에 수록되었다. 나는 이 영가를 읊조릴 때마다 갈보리산에서 십자가 처형이 있던 그때 거기에 누가 있었는지 궁금해진다. 태양이 이글거리는 정오에 베드로를 비롯한 제자들마저 모두 무서워 달아난 거기에 누가 있을 수 있단 말인가? 십자가 고난을 표현한 여러 장의 성서화를 한 장씩 살펴보았다. 여기에 등장하는 인물 중 간악한 유대 지도자나 죄수의 속옷을 제비뽑아 나누던 무지한 로마 군병을 제외한 성경 속의 인물은 누구인지 궁금하다.

"십자가 수난"이라는 주제의 작품들은 전개과정에 따라 몇 가지 유형으로 분류할 수 있으며, 그 과정에 나타나는 성경의 인물은 조금씩 변한다. 첫째는 '십자가에 못 박히는 그리스도'Christ Being Nailed to the Cross 도상이다. 성금요일 9시경 골고다에서 십자가에 눕혀진 주의 발과 양손에 망치로 못을 박는 장면이다. 이때에는 성모와 사도 요한, 막달라 마리아와 갈릴리에서 온 여인들은 복음서의 기록과 같이 멀리 서서 바라보고 있다.

둘째는 형이 집행되어 주께서 피를 쏟는 '십자가 처형'The Crucifixion이라는 도상이다. 이 과정에서는 통상 5인이 등장한다. 성모는 슬픔에 겨워 기절하고 있으며, 두 여인이 부축하고 있다. 그 주변에 사도 요한이 눈물을 닦고 있고 주님 발 앞에는 막달라 마리아가 무릎을 꿇고 있다.

셋째는 십자가에 달린 주님 양쪽에 성모와 사도 요한을 배치한 도상인데 가장 많은 도상이다. 주님이 십자가 현장에서 직접 대화한 사람으로 복음서에 기록된 이는 이 두 사람뿐이기 때문에 이러한 도상이 생긴 것이다. 주님은 운명하기 전에 성모에게 "어머니여 아들입니다"라고 고별인사를 했으며, 사랑하는 제자 요한에게는 "보라. 어머니시다."라며 자신의 모친을 부탁하였다. 요한은 그때부터 성모를 자기 집에 모시게 되었다고 요한복음서에 기록하여 놓았다.

넷째로는 '십자가에서 내려지는 그리스도'The Deposition라는 도상이 있다. 처형이 끝난 그날 오후 모든 군중이 돌아가고 어둠이 깃들 무렵, 죽은 그리스도를 장례하기 위해 십자가에서 내리는 장면이다. 이 과정에서 아리마대 요셉과 니고데모가 부각된다. 두 사람은 모두 유대의 산헤드린 공회원이다. 요셉은 빌라도 총독에게 시체인수를 요청하여 자기 묘실을 드렸다. 한밤중에 예수를 찾아와 '거듭남'에 대해 배웠던 니고데모는 장례용 향품을 가져왔다고 요한은 기록하고 있다. 이 도상에서는 일반적으로 7인이 등장한다. 대표적인 작품으로는 프라도 미술관의 로히르 반 데르 베이덴Rogier van der Weyden의 〈십자가에서 내려지는 그리스도〉이다.

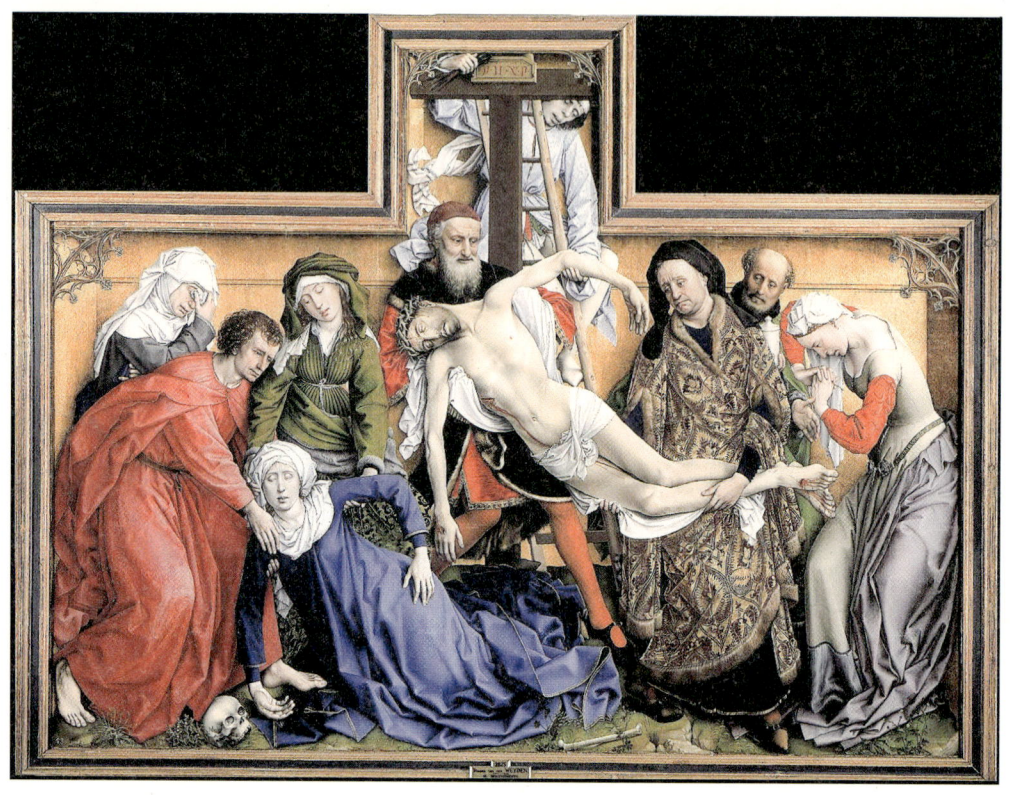

로히르 반 데르 베이덴, 〈십자가에서 내려지는 그리스도〉, 1435년경, 패널에 유채, 220×262cm, 프라도 미술관, 마드리드

여기서는 니고데모가 상체를 받쳐 주고 있으며 요셉은 다리 쪽을 들고 있다. 왼편의 성모는 기절하고 있으며 사도 요한과 두 여인이 부축하고 있다. 막달라 마리아는 발치에 서서 기이한 자세로 슬픔을 표현하고 있다. 십자가 아래에서 성모를 부축하는 여인은 누구일까? 일반적으로 성모 뒤쪽의 여인은 2인이지만 간혹 3~4인을 그리기도 한다. 성경에서 십자가 처형 전후에 성서에 등장하는 인물로 성모와 사도 요한, 막달라 마리아, 아리마대 요셉, 니고데모 등 5인은 이름이 분명해 의문의 여지가 없다. 그러나 갈릴리에서 온 여인들의 이름은 복음서마다 조금씩 차이가 난다. 자세히 보면 마리아라는 이름이 여러 번 나온다.

갈릴리에서 온 한 여인의 이름에 대하여 마태복음은 '야고보와 요셉의 어머니 마리아'라고 적었다. 마가복음은 '작은 야고보와 요세의 어머니 마리아', 누가복음은 '야고보의 어머니 마리아'로 적고 있어 공관복음의 기술은 거의 동일하다. 그러나 요한복음에서는 '글로바의 아내 마리아'라 하여 혼동을 주고 있다.

갈릴리에서 온 두 번째 마리아에 대해 마태복음은 세베대의 아들들의 어머니라고 했으나, 마가복음은 두 번이나 살로메란 이름을 기록하였고, 누가복음에는 갈릴리로부터 온 여자들, 요한복음에서는 이모라고 적고 있어 유의할 만하다. 중세 이래 성모 마리아의 탄생축일을 지키는 가톨릭교회는 정경에는 없지만 여러 외경에 근거하여 마리아의 부모인 요아킴과 안나 등 가계에 대한 확립된 전통이 있다.[2]

이 전통에 의하면 두 마리아는 글로바클레오파스의 딸이며 알패오의 아내인 마리아와 살로메의 딸이며 세베대의 아내인 마리아라 한다. 성모의 자매 마

---

2. Stefano Zuffi, *Gospel Figures in Art*(The J. Paul Getty Museum, Los Angels, 2003). p. 119. 스테파노 추피, 정은진 옮김, 「신약성서, 명화를 만나다」(서울 : 예경, 2006), p. 119.

리아는 성서화에 자주 등장한다. 예를 들면 '무덤의 세 마리아'The Three Marys at the Tomb 도상이다. 부활한 아침 세 마리아막달라 마리아, 성모의 자매인 클레오파스의 마리아와 살로메의 마리아가 무덤에 향을 바르기 위해 왔으나 천사가 "여기에는 계시지 않다"고 말해 준다.

우리는 그리스도의 고난으로 새 생명을 얻었음을 잊지 말아야 한다. 갈보리산 위에는 사랑하던 제자들 중 요한만 보이고 다른 제자들은 보이지 않는다. 우리는 그리스도의 죽음과 고난 앞에 어디에 있을 것인가?

"거기 너 있었는가 그때에 주가 나무에 달릴 때……" 지금도 이 영가를 부르면 그 흑인들처럼 가슴이 떨린다.

조토, 〈그리스도의 죽음을 애도함〉, 1304-1306, 스크로베니성당, 파두아

루벤스, 〈십자가에서 내려지는 그리스도〉, 1617-1618, 425×295cm, 릴미술관, 프랑스

〈십자가에서 내려지는 그리스도〉는 루벤스의 작품으로 유명하다. 붉은 성의를 입은 성모가 예수 정면에서 오열하는 가운데 공회의원인 아리마대 요셉과 니고데모가 앞뒤에서 받고 있다. 푸른 옷의 사도 요한과 발아래 무릎 꿇고 있는 막달라 마리아와 갈릴리 여인이 있다.

피에타를 만나다

　피에타Pieta는 십자가에 매달려 죽은 예수 그리스도의 시신을 성모 마리아의 무릎에 올려놓고 성모가 비탄에 잠긴 모습을 묘사한 것이다. 원래 피에타란 말은 '자비를 베푸소서'라는 뜻의 이탈리아어이다. 큰 성당에서는 어디서나 피에타를 만날 수 있다. 미켈란젤로 부오나로티가 조각한 피에타는 현재 바티칸의 성 베드로 대성당에 보관되어 있으며, 르네상스 시대 조각 예술의 대표적인 작품이다. 이 피에타상은 유일하게 미켈란젤로가 직접 자신의 이름을 새긴 작품이기도 하다. 피에타 앞에 서서 이 조각을 바라보면 세상에서 만날 수 있는 극한의 슬픔이 몰려온다.

　마리아의 머리를 정점으로 피라미드형 구도 속에 아래로 퍼지는 마리아의 드레스는 그리스도가 십자가에 못 박혔던 골고다 언덕을 연상하게 된다. 또한 고전적 아름다움을 강조한 르네상스의 이상을 잘 보여주는 어머니와 아들의 아름다운 육신을 보면서 자기 생명의 분신인 아들의 죽음을 안고 오열하는 어머니의 슬픔과 고통이 우리에게 전해온다.

　그리스도의 죽음과 슬픔에 동참하는 교회력敎會曆의 절기가 사순절이다. 사순절은 재의 수요일Ash Wednesday부터 부활절Easter 전날인 성 토요일까지의 기간이다. 40일의 평일과 6번의 주일이 포함된다. 그런데 왜 그 기간이 40일인가?

　40이란 숫자는 성경에서 자주 사용되는데 고난과 위기, 역경이라는 상황과 결부되지만, 그 기간은 다음 사역을 위해 준비하는 중요한 의미를 지닌 숫자이다. 초대교회[1세기]에서는 예수께서 무덤에 계신 시간과 같은 40시간을 경건하게 지켰다. 그 후 주후 325년 니케아 종교회의에서 40일로 정하였다. 사순절[四旬節]에서 사순[四旬]은 40일인데 예수님이 세례를 받은 후 광야에서 금식하며 시험을 받은 일[마태복음 4장]에서 유래한 것이다. 사순절을 영어로는 'Lent'라 한다. 이는 '만물이 소생하는 생명의 봄날'이라는 뜻의 고어인 '렌크텐'[Lencten]에서 나왔다. 이 말은 성경에서 "저를 믿는 자마다 멸망치 않고 영생을 얻게 하려 하심이라"[요 3:16]는 구절과 상통하고 있다.

초기의 기독교인들은 사순절을 그리스어로는 '테사라코스테'[Tessarakoste], 라틴어로는 '쿠아드라게시마'[Quadragesima]라고 불렀는데 이 말은 둘 다 '40번째'라는 뜻이다.

사순절의 첫날은 재의 수요일 또는 성회[聖灰] 수요일이다. 사순절이 재의 수요일부터부터 시작된 것은 6세기의 그레고리 교황 때부터이다. 재를 몸에 뒤집어쓰는 것은 성경에서 깊은 회개를 의미한다. 이날 교인들은 머리에 재를 뿌리고 삼베옷을 입었다. 부활절 바로 앞 주일인 종려주일[Palm Sunday 또는 성지주일]에 교회에서 사용한 종려나무 가지를 교인들에게 나누어 주면 이를 집에 가지고 가서 십자가에 걸어 두었다가 다음 해 재의 수요일에 태워서 재를 사용한다. 로마 가톨릭에서는 지난해 종려주일에 사용한 종려나무 잎을 태워 얻은 재로 이마에 십자가 표시를 받는다. 재를 머리에 뿌릴 때는 "너는 흙이니 흙으로 돌아갈 것이니라"[창 3:19]는 말을 하는 관습이 있었는데 이는 창조와 원죄 그리고 예수의 십자가를 통한 영생이라는 깊은 신학이론이 뒷받침하고 있다.

사순절에 지켜야 하는 신앙행위는 세 가지이다. 첫째는 참회[회개]이다. 나의 죄 때문에 예수님이 고난을 당했다는 고백으로 스스로를 돌아보며 참회의 예절을 엄격히 지키는 것이다. 재의 수요일에 머리에 재를 뿌리는 의식은 참회의 모습을 보여 준다.

미켈란젤로, 〈피에타〉, 1498 – 1499, 성 베드로 대성당, 바티칸

앙게랑 콰르통, 〈아비뇽의 피에타〉, 목판에 유채, 1456-1457, 163×219cm, 루브르박물관

아비뇽의 피에타는 성모 이외의 사람을 피에타에 배치한 특이한 작품이다. 마리아는 두 손을 모아 경배하는 자세로 무릎으로 아들을 받쳐 주고 있다. 머리 쪽에는 사도 요한이 가시관을 벗기고 있고, 발쪽에는 향유병을 든 막달라 마리아가 울고 있다. 흰옷을 입고 기도하는 이는 봉헌자로 보인다.

둘째는 금식과 절제와 경건이다. 예수님이 광야에서 40일 동안 시험을 받으며 금식한 모습을 묵상하는 절기이다. 사도시대에는 금식이 엄격했으나 서방교회는 재의 수요일과 성금요일만 금식하고 동방교회는 토요일, 주일을 제외한 사순절의 평일은 지금도 금식의 관습을 지키고 있다. 오늘날 개신교회에서는 금식보다는 절제와 경건을 더 강조하고 있다. 무교절 기간에 예수님의 죽음과 부활을 되새긴다는 의미에서 누룩 없는 빵과 고기를 넣지 않은 검소한 사순절 음식 Lenten Fare을 먹으며, 성경을 읽고 기도와 묵상을 하며 기호식품과 오락을 삼가는 경건하고 절제된 생활이 더욱 중요시한다.

셋째로는 세례를 받기 위한 준비기간이다. 초대교회는 매 주일예배를 '작은 부활절' Little Easter이라 부르며 세례를 베풀었다. 교부 터툴리안 Tertullian, 155-240은 "부활절은 특히 세례를 베푸는 데 의미가 있는 날"이라고 했다. 그러므로 사순절 기간은 예수님이 세례 요한으로부터 세례 받은 일을 묵상하여 신자들이 세례를 준비하는 기간으로서 부활절에 세례를 받게 된다.

사순절은 자기를 부인하고 예수님이 진 십자가를 내가 지고 동참하는 순례의 절기이다. 사순절의 고난이 없으면 부활절의 기쁨도 없다. 참회와 경건을 통해서 부활의 생명에 동참하는 뜻깊은 절기인 사순절은 기독교 역사에서 오랫동안 지켜 온 아름다운 관습이요 신앙행위이다. 차가운 대리석으로 빚은 미켈란젤로의 피에타를 보고 있으면 형언하기 어려운 깊은 슬픔을 느끼게 된다. 그것은 따뜻한 봄날에 숨겨진 사순절 절기이기에 더욱 그런가 보다.

삽을 든 정원사 예수

꽃이 만발한 길가의 작은 꽃집 같은 곳에서 여인이 바구니에 꽃을 담고 있다. 그리고 그녀 앞에 삽을 들고 나타난 정원사는 성경 어디에 나오는 누구일까?

부활주일부터 50일간 지키는 부활절기Eastertide는 기독교 국가에서는 축제 기간이다. 부활절기와 관련된 성서화에서 가장 인기 있는 주제는 부활한 예수님이 막달라 마리아에게 처음 나타나는 장면이라 하겠다. 얀 브뤼겔의 작품인 〈나를 붙잡지 말라〉놀리 메 탕게레는 예수 부활을 그린 작품으로 야외풍경을 배경으로 한 특이한 구도이며 밝고 생기가 넘치는 아름다운 성서화이다. 여러 화가들이 예수가 부활한 빈 무덤 안이나 그 무덤 문 앞에서 막달라 마리아에게 나타난 예수님을 그리고 있다. 그러나 이 그림에서는 예수의 빈 무덤이 저 멀리 배경으로 보이고, 꽃이 피어 있는 길가에서 예수님과 막달라 마리아가 만나고 있다. 그리고 예수님이 왼쪽 손에 삽을 잡고 있는 것은 예수님을 동산을 지키며 가꾸는 동산지기로 표현한 것이다. 마리아가 부활한 예수님을 처음 만났을 때 예수께서 "여자여 어찌하여 울고 있느냐" 할 때에도 예수인 줄 알지 못 한 채 동산지기인 줄 알고 "당신이 (예수의 시체를) 옮겨 갔거든 어디 두었는지 내게 말하소서" 하였던 것이다.

다른 성서화를 보면 프라 안젤리코와 앨버트 뒤러와 라파엘도 정원사 모자를 쓴 예수의 모습을 그렸고, 포우신은 삽질하는 정원사로 그리고 있다. 수의를 걸친 예수를 쳐다보는 마리아는 순간적으로 놀라는 모습이다. 마리

얀 브뤼겔, 〈나를 붙잡지 말라〉, 1630년경. 캔버스 유채, 로라인역사박물관, 낭시, 프랑스

아가 "선생님이여" 하고 감격하자 주님은 "나를 붙잡지 마라$^{Noli\ me\ tangere}$ 내가 아직 아버지께로 올라가지 못하였노라" 하며 제지하는 모습이다.

막달라 마리아는 예수 부활사건 성서화에서는 언제나 주연이다. "일곱 귀신이 나간 자", 곧 어려운 세상을 살아온 여자였으나 예수를 만난 뒤로는 그의 열렬한 추종자가 되어 예수의 부활을 처음으로 목격하고 사도들에게 증언한 여인이다. 마리아는 저 뒤편에 보이는 예수님 무덤에 꽃을 바칠 생각인 듯 바구니에 꽃을 간추려 담고 있었다. 원래 이스라엘은 유월절 전후 기간$^{양력\ 3-4월}$이 꽃피는 계절이며, 이 꽃은 "들에 피는 백합화가 어떻게 자라는가 생각하여 보라"고 예수님이 가르치시던 바로 그 나리꽃이다. 사순절과 꽃은 서로 관계가 깊다. 중세 유럽 교회에서는 부활주일 바로 전 주일인 종려주일을 '꽃의 주일'이라 부르며 이날 교회에 나오는 신자들에게 종려나무 잎과 꽃을 주어서 기념한다.

예수 부활을 처음 목격하고 증언한 여인으로서 막달라 마리아에 대한 성경의 기록은 언제나 우리에게 감동을 준다. 일본작가 엔도 슈사쿠는 "막달라 마리아는 정욕의 불꽃을 뚫고 나와서 그 정열을 믿음으로 불태운 나머지 성녀가 된 여성이었다."고 찬탄하고 있다. 목회자 시인 김태규는 "창녀인가 성녀聖女인가 / 막달라 마리아 / 너는 / 모든 아름다움을 한 몸에 지닌 여인"이라고 노래하고 있다.[3]

막달라 마리아가 동산지기로 알고 대화하다가 놀라며 당황했던 부활하신 예수님이 우리에게도 다가오신다. 십자가에 못 박혀 죽은 그분은 예언한 대로 사흘 만에 다시 살아나셨다. 막달라 마리아에게 나타난 정원사 예수님을 대하고 있노라면 우리에게 찾아오신 예수님과 더 깊은 사색과 감격에 젖는다.

---

3. 김태규, 「영혼의 무지개」(서울 : 성광문화사, 1998), pp. 48, 122-123.

코레지오, 〈놀리 메 탕게레〉, 1525년경. 캔버스에 유채, 130×103cm, 프라도 박물관, 마드리드

16세기 코레지오의 놀리 메 탕게레(나를 붙잡지 말라)는 청록색을 배경으로 먼동이 트는 이른 새벽의 부활을 보여 주고 있다. 막달라 마리아는 "일곱 귀신이 나간 자"였으나 예수의 부활을 처음으로 목격하고 사도들에게 증언한 여인이다. 이 그림도 그녀가 처음에 예수를 동산지기로 착각한 바에 따라 정원사의 연장들이 보인다.

나뭇가지 마법사

창세기에 나오는 믿음의 조상 중에 야곱Jacob의 캐릭터는 독특하다. 태어날 때부터 쌍둥이 형인 에서Esau의 발꿈치를 잡고 나왔으며, 배고파 죽을 지경인 형에게 팥죽 한 그릇을 주고 꾀어서 장자권을 빼앗았다. 또한 어머니 리브가와 결탁하여 형의 옷을 입고서, 늙어서 눈이 어두운 아버지 이삭으로부터 장자에게 내리는 축복을 가로챘다. 너무나 생생하게 표현된 이야기인데 여기까지만 봐도 야곱은 영락없이 욕심쟁이요, 사기꾼 기질con-man character이 다분한 인물이다. 그러나 그 달콤한 속임수의 결과는 혹독한 훈련이었다.

야곱은 형을 피해 외삼촌이 사는 밧단아람으로 멀리 도망을 가야 했다. 거기서 다행히 곱고 아리따운 라헬Rachel을 만나 결혼했으나 첫날밤을 치르고 아침에 보니 자기가 품은 여인은 라헬이 아니라 언니인 레아Leah였다. 외삼촌 라반Laban이 지난밤에 신부를 바꿔치기한 것이다.

야곱은 사랑하는 라헬과 결혼하기 위해 품삯도 받지 못하고 14년 동안 처가살이를 하며 양과 염소를 치는 힘든 목자생활을 하였다. 사랑하는 아내 라헬이 아기를 갖지 못해 애태우다가 늦게나마 야곱의 열한 번째 아들인 요셉Joseph을 낳았다. 야곱은 드디어 고향으로 돌아가야겠다고 마음먹었다. 그래서 야곱은 라반에게 목부로서의 정당한 품삯을 달라고 제의한다.

야곱이 라반의 가축떼를 지키고 먹일 때에 그 양이나 염소의 새끼들 중 아롱진 것과 점 있는 것은 야곱의 몫이고 얼룩무늬가 없는 것은 라반이 차지하기로 하였다. 일반적인 과학상식으로는 야곱이 절대 불리한 계약이다. 양은 희고 염소는 검은 것이 특징이며, 얼룩무늬가 있는 것은 흔하지 않다. 더구나 계약 후에 라반은 얼룩무늬 있는 가축은 전부 골라내어 사흘길이나 되는 아들의 목장으로 격리시켰다. 이런 상황에서 어떻게 얼룩무늬가 있는 새끼가 생길 수 있을까?

그러나 본격적인 이야기는 여기서부터다. 그 영리한 야곱이 빈손으로 귀향할 수야 없지 않은가? 그래서 야곱은 나뭇가지로 술수를 부린다.

작가미상, 〈가축의 물구유에 껍질을 벗긴 막대를 세워 놓은 야곱〉
베드로 코메스토의 성경역사(채색필사본), 세밀화, 1372, 미르만노미술관, 헤이그, 네델란드

"야곱이 버드나무와 살구나무와 신풍나무의 푸른 가지를 가져다가 그것들의 껍질을 벗겨 흰 무늬를 내고 그 껍질 벗긴 가지를 양 떼가 와서 먹는 개천의 물구유에 세워 양 떼를 향하게 하매 그 떼가 물을 먹으로 올 때에 새끼를 배니 가지 앞에서 새끼를 배므로 얼룩얼룩한 것과 점이 있고 아롱진 것을 낳은 지라"창 30:37-39.

야곱은 푸른 나뭇가지에 흰 무늬가 생기도록 껍질을 벗겨서 그것을 양 떼가 와서 먹는 개천의 물구유에 세워 놓았다. 양으로 하여금 교미할 때에 그것을 보게 하여 아롱진 새끼를 낳도록 하였다.

14세기 작가 미상의 삽화가가 세밀화로 채식한 〈가축의 물구유에 껍질을 벗긴 막대를 세워 놓은 야곱〉은 원래 12세기 프랑스의 유명한 신학자인 베드로 코메스토Petrus Comestor가 쓴 "성경 역사"Bible Historiale에 해석과 삽화를 첨가한 것이다. 코메스토1178년경는 사복음서, 사도행전, 바울서신, 창세기와 시편 등 성경역사와 주해서를 썼는데 라틴어가 아닌 프랑스어 판이라는 데 큰 의미가 있다.

그림을 보면 양들이 개천으로 와서 물을 먹기 전 교미하면서 야곱이 세워 놓은 막대기를 보고 있다. 옆에서 한 손에 막대를 들고 모자를 쓴 채 이런 광경을 보고 있는 야곱의 모습이 보인다. 야곱의 이 계략은 적중되었다. 어찌 된 일인지 야곱의 목장에서는 얼룩무늬 양이 많이 태어났다. 그 결과 5~6년 만에 야곱은 양 떼와 낙타와 나귀는 물론 노비까지 거느린 큰 부자가 되어 금의환향한다. 야곱이 만든 막대기가 능력을 나타낸 것인가? 사람이 동물의 임신조절을 할 수 있단 말인가? 혹시 이런 행위도 야곱이 기도나 환상으로 하나님의 계시를 받고 한 행위일까?

요한 웨슬레는 「웨슬레주석비망록」*Wesley's Explanatory Note*에서 "막대기를 세워 얼룩 양을 생산하는 방법은 가나안 목자들이 일반적으로 사용하는 관습이었다. 라반은 자기 이익만 아는 자니까 그냥 당하고 있기보다는 불리한 계약이라도 야곱의 흥정은 불가피한 결정이다."라고 하였다.[1] 성경을 자세히 들여다보면 야곱의 술수나 계략이 영향을 미친 것이 아니라 간섭하시고 섭리하시는 하나님의 강력한 힘의 결과라는 것을 야곱도 뒤늦게 깨닫는다 창 31:7-9.

우리나라 주석서들을 보면 야곱의 계략은 여러 차례 라반에게 속아 온 방어책으로 야곱이 기발한 꾀를 내었거나, 하나님이 도와줄 것이라는 믿음이라고 해석하기도 한다. 기도 중에 계시를 받았을 것이라는 견해도 있다.

창세기에는 우리가 납득하기 어려운 하나님의 절대적 간섭을 여러 차례 목격할 수 있다. 야곱의 밧단아람에서의 20년 삶이나, 요셉이 애굽에 팔려가 고생 끝에 총리가 된 기적은 모두 빈손으로 갔다가 큰 복을 받고 돌아온 이야기로서 평행선을 그리며 전개된다. 야곱이 에서와 라반에게서 가장 귀한 것을 빼앗은 음모와 계략도 불가사의한 일이다. 야곱은 '붉다'는 뜻의 에돔 Edom이라는 이름을 가진 에서로부터 붉은 팥죽 한 그릇으로 가장 귀한 장자권을 빼앗더니, '흰색'이라는 의미를 지닌 장인 라반의 이름대로 흰 나뭇가지를 이용하여 그가 제일 귀하게 여기던 재물을 차지하게 된다.[2]

야곱은 인간적인 눈으로 봤을 때는 위선자이며 사기꾼으로 보인다. 적어도 그가 늙어서 고향에 돌아와 벧엘에서 무너진 단을 수축하고 '이스라엘'이

---

1. www.biblestudytools.com
2. Kenneth Barker, *The NIV STUDY BIBLE*(MI : ZondervanPublishingHouse, 1995), p. 51.

라는 새 사람으로 세우겠다는 여호와의 음성을 재확인하기 전까지는 그렇다. 그럼에도 불구하고 하나님은 야곱을 선택하였다. 하나님의 선택이 인간의 의지나 행위에 의한 것이 아니라 전적으로 하나님의 자유선택에 있다는 것을 우리에게 알게 하여 준다.

윌리엄 블레이크, 〈야곱의 꿈〉, 1805, 수채화, 대영박물관, 런던

윌리엄 블레이크William Blake, 1757-1827는 영국의 시인이자 화가요 판화가이다. 〈야곱의 꿈〉은 유화에서 느끼기 어려운 청순함과 신비로움이 그림 전체에 퍼지고 있다. 야곱은 속임수를 써서 형 에서와 늙은 아버지로부터 잠시 이익은 얻었으나 곧 브엘세바를 떠나 밧단아람으로 먼 길을 나서야 했다. 절대고독의 순간 벧엘에서 돌베개를 하고 자다가 꿈에 하늘로 통하는 사닥다리를 본다. 그리고 하나님으로부터 "네 자손이 땅의 티끌같이 되리라"는 약속을 받는다.

✛ 플러스

비잔틴시대의 모자이크와 이콘

비잔틴 제1 황금시대

330년 로마로부터 비잔티움으로 수도가 옮겨지면서 비잔티움 예술은 초기 기독교 미술을 바탕으로 소아시아 시리아 알렉산드리아 등의 미술을 첨가하여 5세기경부터 발달하여 유스티니아누스 황제$^{527-565}$ 시대에는 절정에 달했다. 성화상 파괴 논쟁$^{726-843}$을 거쳐 이른바 마케도니아 르네상스$^{9-11세기}$를 출현시켰다. 유스티니아누스 황제에는 기독교 미술과 건축이 성숙기를 맞았는데 대표적 작품은 콘스탄티노플에 세워진 성소피아대성당^{HagiaSophia}이다. 이 성당은 532-537년에 세워진 후 내부 그림이 제2 황금시기에 보강되었다.

바실리카 양식의 교회 내부 장식을 보면 하나님이 세계를 지배함을 묘사하기 위해 '전능하신 그리스도'^{판토크라토르}의 그림을 중앙의 돔에 그려 신자들을 굽어보게 하였다. 주위 사방에는 4명의 대천사들을 포함한 많은 천사들이 둘러있고 그 아래에는 사도들을 배치하였다.

성당 내부의 그림들은 그리스도의 탄생, 요단강의 세례, 성모 영보, 나사로의 부활 등 그리스도의 삶과 수난을 본받도록 배열하였다. 성당의 장식들은 모자이크, 이콘, 미니어처와 프레스코화로 채워졌다.

6세기에 제작된 시내산 성 캐서린 수도원의 중앙 돔의 변화산의 그리스도 모자이크 역시 유명하다. 예수님이 모세, 엘리야와 함께 대화하는 모습을 보고 베드로, 요한, 야고보가 잠에서 깨어나 놀라며 이대로 시중들겠다고 청하고 있다. 이 모자이크는 가장 오래된 성당 이콘으로 알려져 있다.

4세기 말경에는 순교자나 성인들의 일생을 그린 작품이나 초상화를 교회 내부에 장식하는 것을 장려하였다. 이는 성서를 읽을 수 없는 문맹자들의 교육적 기능을 담당한 것이다.

목판에 유채로 그린 성화상 이콘 중 가장 유명한 작품으로는 6세기에 제작되어 현재 루브르박물관에 소장된 〈그리스도와 수도원장 메나스Christ and Abbot Menas〉이다. 이 작품은 이집트의 곱트 교회에 기원을 둔 것으로 가장 오래된 것으로 알려져 있다.

〈변화산의 그리스도〉, 시내산 성 캐서린 수도원 중앙 돔의 모자이크, 550년경

성화상이콘 파괴 논쟁

　5~6세기경부터 기독교 신자들은 고가의 성경을 소유하거나 읽을 수 없어서 그림을 통해 영적인 하나님께 가까이 하고 싶은 욕구가 있었다. 그러나 교회에서는 우상숭배의 위험을 염려하여 소극적으로 대처하였다.

　비잔틴제국의 레오 3세 황제는 교회를 자기의 권위에 굴복시키고 절대적 군주가 되고자 하는 야심으로 726년 성화상이콘을 논박하기 시작하여 무기력한 콘스탄티노플 총대주교의 동의를 얻어 730년 성화상 파괴에 대한 칙령을 반포하였다. 이로써 많은 성화상들이 파괴되었고 이콘 공경자들을 박해하여 순교하게 하였다. 이에 반해 바티칸의 교황 그레고리 2세와 3세는 이콘 파괴의 중지를 요청하고 파괴자들을 파문시키는 벌을 부과하기도 하였다.

　그러나 레오 3세의 아들인 콘스탄틴 5세는 이콘 공경은 사탄의 행위요 새로운 우상숭배라고 선언하면서, 이콘 박해를 더욱 격렬히 하였다. 성화상을 모든 교회에서 제거하고 벽화와 모자이크에는 석회칠을 하였다. 수도원의 수도자들은 파괴행위를 끝까지 반대하여 761년 이래 많은 수도자들이 박해받아 순교했으며 수도원은 몰수되어 무기고로 사용되기도 하였다. 이러한 이콘 박해와 비잔틴제국과 바티칸 교황 간의 논의가 계속되다가 787년 니케아 공의회에서 교회는 이콘을 인간의 손에 의한 작품이 아니라 원상인 하나님에 대한 경배가 될 것을 촉구하였고 이러한 그림들만이 진정한 성화로 간주되었다.

　그 후 843년 콘스탄티노플에서 개최된 공의회에서 이콘 공경을 다시금 인정하게 되었다. 이렇게 성화상 논쟁 이후 이콘의 모습도 달라졌다. 깊은 종교적 감동과 강한 영성과 절제가 엿보이는 작품으로 1453년 콘스탄티노플의 멸망 때까지 비잔틴 미술과 이콘의 표준이 되었다.

비잔틴 제2 황금시대

〈아기 그리스도를 목욕시키는 조산사들〉, 다프니수도원의 모자이크, 1100년경, 그리스

AD 726년, 레오 3세 황제의 성화상(이콘) 금지령이 발단이 되어 약 1세기 동안 계속된 성상 파괴 논쟁으로 인해 비잔틴 회화와 모자이크의 발달은 돌연 중단되기에 이르렀다.

그러나 제2 황금시대(약 850-1200)에 들어서면서 그 부흥은 눈부시게 전개되었다. 그중에서도 11세기의 다프나수도원의 모자이크인 〈그리스도의 책형(磔刑)〉과 〈아기 그리스도를 목욕시키는 조산사들〉은 특히 유명하다. 이 모자이크는 조각 같은 세 인물상을 배치함으로써 그 위엄에 있어 다시금 고전시대로 되돌아간 느낌이다. 비잔틴 미술의 제2황금시대에는 제1황금시대의 모자이크에서 강조된 영원성과 신성에 고전미술의 인간성과 육체적 우아함이 더해진 성서화를 볼 수 있다.

제6장
죄와 허무의 알레고리

원죄의 굴레

16세기 플랑드르의 유명한 태피스트리tapestry, 다양한 염색사로 그림을 짜 넣은 직물 제작자인 피테르 쿠케의 〈창조 이야기〉 태피스트리는 메디치가의 쿠시모의 소장품으로 인간의 원죄Original Sin를 잘 보여 주는 작품이다. 나무 등걸을 휘돌아 나타난 하나님은 가슴을 가린 이브와 아담에게 그들이 범한 악행을 책망하고 있다. 청홍색의 뱀은 아담과 이브가 금단의 사과를 따먹은 그 나무줄기를 따라 주르르 미끄러져 내려와 있다. 태피스트리 뒤 오른쪽에는 하나님이 낙원에서 추방하기 전 만들어 준 가죽옷을 아담과 이브가 입고 있으며, 하나님은 그런 아담과 이브를 꽉 잡고 서 있다.

태피스트리는 다채로운 색실로 무늬를 짜 넣은 직물공예품으로서 넓게는 가구 덮개, 벽걸이, 양탄자 등에 쓰이거나 의복의 장식에 이용되는 손 또는 기계로 짠 무거운 직물을 지칭하나, 좁은 의미로는 벽걸이나 장식용 덮개로 사용되는 무겁고 양면 모두에 무늬가 짜여진 수직물手織物을 뜻한다. 태피스트리를 짜는 실에는 양모가 가장 널리 쓰이며, 모사에 아마사, 견사, 면사를 날실로 섞어 사용하기도 한다.

뉴욕 메트로폴리탄 박물관은 2014년 10월부터 르네상스의 거장 쿠케 판 알스트의 화려한 16세기 태피스트리 전시회를 개최하기도 하였다. 그의 작품에서는 회화보다 더 중후한 태피스트리의 아름다움을 느낄 수 있다. 피테르 쿠케는 일찍이 1534년에 신성로마제국 샤를5세로부터 궁중화가로 지명

받았으며, 1544년 브뤼셀에 스튜디오를 열고 회화와 태피스트리 제작을 하였다. 당시 플랑드르 최고의 화가인 피테르 브뢰겔의 장인이요 스승이었다.

원죄original sin의 개념은 창세기에 등장하는 최초의 인간 아담Adam과 하와Eve의 이야기에서 시작한다. 그들은 축복받은 땅인 에덴동산에 살았다. 하나님은 그들에게 자유의지를 주었는데 먹지 말라고 금지한 선악과를 뱀의 유혹으로 먹음으로써 하나님께 죄를 짓게 된 것이다. 이것이 최초의 죄이며 그로 인해 모든 인간은 원죄를 갖고 태어난다. 그 결과 아담과 하와는 에덴동산에서 추방되었으며, 그 이후 힘든 노동의 삶과 고통과 죽음을 알게 되었다. 즉, 두 사람은 하나님과의 친밀한 교제와 영원한 생명을 잃게 되었다. 루터는 원죄를 하나님에 대한 인간의 '탐욕'으로 보았다.

원죄란 인간의 조상인 아담의 타락과 불순종으로 인한 죗값이 자손들에게 유전된 형벌이지만, 그리스도가 인류를 위하여 대속의 십자가를 지심으로 모든 죄가 용서받을 수 있는 길이 열렸다. 얼마나 감사한 일인가?

〈타락 후 하나님으로부터 책망을 받는 아담과 이브〉, 창조이야기 세트의 태피스트리, 피테르 쿠케 판 알스트 디자인, 1548년경, 양모 실크 은실, 479×700㎝, 피렌체주립박물관, 브뤼셀, 네덜란드

〈타락 후 하나님으로부터 책망을 받는 아담과 이브〉(부분)

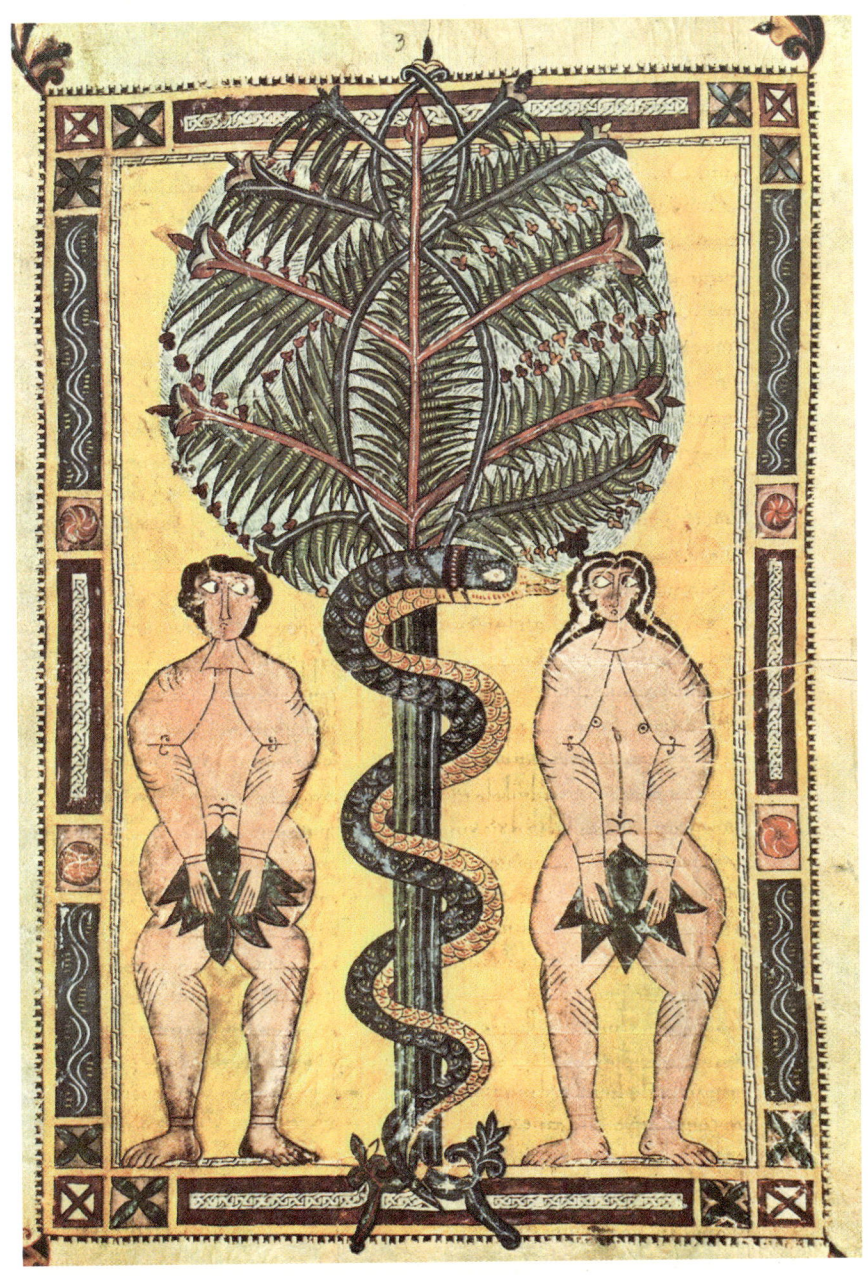

〈원죄〉, 950-955. 양피지에 채식, 엘 에스코리알 수도원, 엘 에스코리알, 스페인

원죄란 제목의 그림은 쉽게 찾을 수 없는 주제이다. 스페인 기독교 부흥시대인 펠리페 2세 때에 제작된 본 작품은 원죄의 기원을 잘 설명해 준다. 에덴동산 가운데 선악을 알게 하는 나무를 휘감고 있는 뱀이 하와(이브)를 유혹한다. 아담과 하와가 하나님이 금한 금단의 열매를 먹고 부끄러운 육신을 나뭇잎으로 가리고 있다. 하나님 말씀에 순종하지 않은 것이 원죄이다.

루벤스와 얀 브뤼헐 엘더, 〈에덴동산과 인간의 타락〉, 1615년경, 패널에 유채, 마우리트하위스 왕립미술관, 헤이그

유명한 화가 둘이서 공동으로 제작한 작품이다. 하와가 금단의 열매를 따서 아담에게 건네는 장면은 루벤스 Peter Paul Rubens가, 에덴동산에 살고 있는 각종 동물과 아름다운 풍경은 얀 브뤼겔 Jan Brueghel the Elder이 맡았다. 얀 브뤼겔 엘더는 3대가 화가인 플랑드르 화가로서 초기에는 꽃과 과일을 주로 그렸다. 본 작품은 우리가 동경하는 태초의 낙원을 생생하게 보여 준다.

에덴의 동쪽

오래전 큰 인기를 누렸던 제임스 딘 주연의 "에덴의 동쪽"East of Eden을 한참 후에 다시 본 기억이 아직도 생생하다. 엘리아 카잔 감독의 이 영화는 원래 존 스타인벡의 소설1952이 원작이며 가인이 동생 아벨을 살해하고 에덴의 동쪽 놋 땅으로 도피하였다는 구약성서에서 유래한 것이다.

이 영화에서 아버지 아담 트라스크는 두 아들 중 신앙심이 두텁고 모범적인 청년 아론은 사랑하지만, 성격이 거칠고 언제나 불만에 찬 눈초리의 카알제임스 딘은 가족을 버리고 집을 뛰쳐나간 어머니의 부도덕한 피가 흐른다며 미워하였다. 두 형제는 아름다운 처녀 애브라를 두고 질투하며 싸운다. 그러나 결국 애브라의 간곡한 설득으로 아버지와 카알이 극적으로 화해한다는 줄거리이다. 이 영화의 원작소설을 탐독하면서 존 스타인벡도 창세기 이야기가 마음에 들지 않았나 보다고 생각했다. 마을 보안관이 "죄를 지은 가인은 에덴을 떠났는데 왜 너는 떠나지 않느냐?"고 카알에게 모진 말을 했지만 애브라를 등장시켜 아버지와 화해를 시키고 진정한 사랑의 힘을 보여 준다. 어쩌면 창세기의 결말보다 더 인간적이라는 생각이 들기도 하였다.

그 즈음에 김진규와 문희가 주연한 한국영화 "카인의 후예"가 있었다. 유현목 감독의 이 영화1968는 황순원의 소설1953을 원작으로 하며 역시 창세기의 가인과 아벨의 이야기를 테마로 하고 있다. 해방 후 북한의 토지개혁 소용돌이 속에서 득세한 늙은 마름인 도섭 영감이 평생 주인으로 모셨던 지주의 아들 박훈에게 낫을 휘두르는 광기 속에서 도섭 영감의 딸 오작녀가 신분과 이

념을 초월한 사랑으로 살인을 막았다는 줄거리이다. 영화를 보며 황순원 역시 존 스타인벡처럼 성경과는 다른 결말로 장식했구나 하는 놀라움이 있었다.

영국의 낭만주의 시인이요 풍자가인 바이런 경Lord Byron, 1788-1824은 '가인'Cain이란 희극에서 가인은 피비린내 나는 인격의 상징이고, 아벨은 믿음이 독실한 척하는 위선으로 남을 자극하여 분노를 일으키게 하는 인격의 소유자로 묘사한 것을 보면 가인에게 다소 동정적인 면이 있음이 보인다. 또한 윌리엄 셰익스피어1564-1616의 유명한 희극 "윈저의 즐거운 아낙네들"The Merry Wives of Winsor에서는 가인의 붉은 머리와 가인 특유의 수염을 강조하고 있음을 유의할 필요가 있다. 가인의 붉은 머리와 수염은 성서화 역사로 보면 오래된 전통이다. 중세 기독교 미술, 특히 16세기 독일에서 가인은 판에 박은 듯 곱슬머리에다가 수염이 덥수룩한 유대인의 모습으로 묘사하였다. 반면에 아벨은 금발머리로 그렸는데 이는 유대인이 죽인 예수 그리스도를 상징하는 것으로 보았다. 이러한 전통적 묘사는 그 후 수세기 동안 계속 되었다.

19세기 프랑스 화가인 제임스 티소James Tissot, 1836-1902는 유대인의 시각에서 본 성서화를 많이 남겼다. 〈가인이 아벨을 죽이려고 데려감〉이란 그의 작품은 중세의 전통을 잘 유지하고 있다. 우람한 체격의 가인이 유난히 심한 곱슬머리와 붉은 수염을 한 악한 모습으로 살인도구를 들고 아벨의 손을 붙잡아 이끌고 있다. 아벨은 금발머리의 착한 모습으로 고개를 뒤로 넘긴 채 힘없이 끌려가는 대조적인 모습으로 묘사하고 있다. 폐부肺腑와 중심을 보시는 그분은 제사보다 사랑과 자비의 인애仁愛 Hesed를 원하고, 번제燔祭보다 겸손한 모습의 상한 심령broken spirit을 더 바라셨다. 분노를 잘하고 뉘우치지 않고 뻔뻔스러운 인간의 제물은 기뻐 받으시지 않는다. 아벨에 대하여는 신약성경

제임스 티소(1836 – 1902), 〈가인이 아벨을 죽이려고 데려감〉

에서 그 모습이 분명히 드러난다. 히브리서 기자는 아벨의 피와 예수의 흘린 피를 함께 언급하고 있다.

  우리 인간들은 지금도 에덴의 동쪽에서 살고 있다. 가인의 후예로서 원죄(原罪)를 안고 살지만 아담이 추방된 에덴동산을 그리며 살고 있다. 팍팍한 삶을 살다 보니 그 낙원으로 돌아가고 싶지만 죄 많은 선조를 내쫓은 그분의 분노를 누가 잠재울 수 있단 말인가? 황순원의 「카인의 후예」에서는 오작녀가 아비의 낫을 막았으며, 존 스타인벡의 "에덴의 동쪽"에서는 애브라가 가

엎고 불쌍한 카알을 아비의 품속에 안겨 주었다. 우리에게도 소설 속의 오작녀와 애브라처럼 하나님과 우리 사이에 다리를 놓아 화해시키는 단 한 분이 있다. 바로 예수 그리스도 그분이시다. 죄 없이 죽은 아벨처럼 그분도 죄 없이 우리의 죄로 인하여 십자가에서 돌아가셨다. 그 사랑과 대속의 은혜는 무엇에도 비교할 수 없다.

이슬람 미니어처 화가, 선지자들 이야기 채색 사본 중 카인이 아벨을 매장하는 장면, 427A.H. (AD.1048)

가인이 동생 아벨을 죽이고 나무 밑에 매장한 장면이다. 그 무덤 위에 꽃이 피고 새들이 모여 울고 있다. 이슬람교도 아브라함을 믿음의 선조로 삼기 때문에 내용에 다소 차이가 있지만 모세오경을 경전으로 하고 있다. 구약성경 이야기를 그린 이슬람 삽화는 강렬한 색채와 무늬장식이 특징이다. 무함마드가 메카에서 메디나로 피신한 사건을 '헤지라'^{Hegira}라고 부르며, 이때가 AD 622년으로 이슬람의 연대 기준인 AH$^{After\ Hegira}$가 되었다.

모든 것이 헛되도다

생각이 많던 젊은 시절에 성경을 읽다가 삶의 비탄함과 찬양을 노래한 다윗 왕의 시편詩篇을 읽으면 순수하고 벅찬 감동에 잠기곤 했다. 그러나 같은 시가문학詩歌文學의 하나로서 역사상 가장 화려하게 살았던 솔로몬 왕이 쓴 전도서를 대하면 처음부터 온 몸에 힘이 빠지고 정신이 몽롱해진다.

"헛되고 헛되며 헛되고 헛되니 모든 것이 헛되도다 해 아래에서 수고하는 모든 수고가 사람에게 무엇이 유익한가 한 세대는 가고 한 세대는 오되 땅은 영원히 있도다"전1:2-4.

첫 구절을 읽노라면 우선 궁극적인 의문에 휩싸인다. 우리 인생은 짧고 만족이 없는 미미한 존재이며, 무의미하고 덧없는 삶을 사는 허무한 존재란 말인가? 인간이 지닌 지혜의 허망함과 해 아래서 사는 인생의 절망적 현실이 너무 아프게 다가왔다.

17세기 초 네덜란드에서는 인생무상人生無常을 노래한 전도서의 교훈을 담은 그림이 나타나서 이상하리만치 인기를 끌고 있었다. 하르멘 스텐비크 Harmen Steenwyck, 1612-1656의 〈정물 : 인생무상의 알레고리〉란 정물화를 보면 그림의 중앙에 커다란 해골이 있어 우선 섬뜩하다. 이렇게 해골과 함께 죽음과 허무의 상징인 물건들이 가득한 그림을 '바니타스 정물화'Vanitas Still Life라고 한다. 바니타스는 라틴어로 '덧없고 무의미함'vanity, meaningless이라는 뜻으로 전도

하르멘 스텐비크, 〈정물 : 인생무상의 알레고리〉, 1640, 패널에 유채, 국립미술관, 런던

다비드 바일리, 〈바니타스 심볼이 있는 자화상〉, 1651, 목판에 유채, 라켄할 미술관, 레이덴

서에서 "헛되고 헛되니 모든 것이 헛되도다"Vanity of Vanities, All is Vanity에서 따온 말이다.

스텐비크가 그린 정물화의 해골은 성서화에서 십자가 앞에 나타날 때에는 인간의 조상인 아담의 해골이다. 그것은 갈보리산이 아담의 무덤이 있던 산이라는 전승이 있으며, 신학적으로 예수를 '제2의 아담'이라고 하기 때문이다. 그러나 바니타스 정물화에 등장하는 수많은 정물들은 인간존재의 유한성, 즉 죽음의 상징이다. 포켓용 시계와 오일 램프는 덧없이 흘러가는 삶을 뜻한다. 나선형 조개는 동남아시아에서 수입한 고가의 상품으로 부富의 상징이며, 전통적으로는 출산과 번식의 상징이다. 세상의 지식을 나타내는 몇 권의 책이 쌓여 있고, 세속적이고 감성적 쾌락을 뜻하는 악기가 보인다. 값비싼 자색 실크 옷은 사치스럽게 살았던 흔적이며, 수입품인 일본산 사무라이 칼은 권력과 장인기술을 상징하며 아름답긴 하나 본질적으로는 치명적인 무기이다.

뒤에 배치된 큰 도자기는 물이나 기름을 넣어 두는 생활필수품인데 깨어지기 쉬운 그릇이다. 그런데 이 항아리의 손잡이 왼쪽 끈을 따라 자세히 보면 사람의 코와 입의 형상이 희미하게 보인다. 이는 깨어진 그릇같이 덧없이 사라져 간 로마황제를 상징한다. 결국 이 정물화에 배치한 물건들은 성경에서 말하는 "너의 보물을 하늘에 쌓으라"는 교훈을 잘 나타낸다. 즉, 이것들은 세상에 저장해 두면 도둑이 들거나 녹슬어 쓰지 못하는 덧없는 재물이며 인간의 수고와 지혜, 권세와 쾌락도 다 헛되어 바람을 잡으려는 것 같고 세상만사는 다 기한이 있고 인간은 죽음을 피할 수 없는 존재라는 것을 가르쳐 주고 있다.

그러기에 이 정물화에는 허무의 상징물만 가득 찬 것이 아니다. 스텐비크는 대각선 구도의 아래 부분은 신神과 함께하지 않은 현세現世의 허무를 상징하는 사물들을 배치하고, 위쪽 반대편은 영적 존재로서의 인간의 공간을 별도로 두고 있다. 여기에는 밝은 빛이 하늘로부터 내려오는데 그곳은 현세가 아닌 내세來世이며, 신을 잊어버린 현세의 허무를 박차고 믿음으로 구원救援에 이르는 길을 인간에게 제시하고 있다.

그 당시 네덜란드에서는 바니타스 정물화뿐만 아니라 과거의 유명한 교부나 성인들의 초상화나 화가 자신의 자화상을 그릴 때에도 바니타스 정물을 배치하였다. 스텐비크의 스승이자 삼촌인 다비드 바일리David Bailly, 1584-1657도 삶의 허무를 주제로 한 〈바니타스 심볼이 있는 자화상〉을 그렸다. 67세에 그린 이 자화상에서 그는 흘러간 세월을 뜻하는 젊은 시절의 자신의 초상을 잡고 있다. 해골과 뼈, 엎어진 유리잔, 시든 꽃, 그리고 거울과 비눗방울, 깃털 펜, 연기가 피어오르는 불 꺼진 촛불 등은 모두 잠깐 보이다가 없어질 상징물이다. 그밖에 금화와 진주, 공예품은 부귀를 나타내며 담뱃대 조각과 책 등은 감각적 쾌락과 지식을 상징하는데 모두 죽음 앞에서는 부질없는 것들이다.

네덜란드 바니타스 정물화의 후반기에는 정물을 단순화시키는 경향이 있었다. 필리프 드 샹파뉴1602-1674의 〈해골이 있는 정물〉이란 작품에서 배치된 정물은 해골과 모래시계와 튤립뿐이다. "죽음을 기억하라"메멘토 모리, Memento mori고 외치는 해골과 모래시계는 시시각각 죽음이 다가오고 있음을 상기시키는 대표적 상징물이다. 그런데 튤립을 배치한 것이 특이하다.

1630년대의 네덜란드는 튤립 투기가 절정에 달하였다. 당시 직공이 1년에 200플로린을 벌었는데 희귀한 줄무늬 튤립 한 뿌리는 1,200플로린이나 되었다. 그러다가 1637년 튤립값의 거품이 빠지면서 가격이 95%나 폭락하였다. 샹파뉴는 많은 바니타스 상징물 대신에 그들이 뼈저리게 경험한 헛된 꿈이었던 튤립 하나로 바꾸어 배치하였다.

필리프 드 샹파뉴, 〈해골이 있는 정물〉, 1671년경, 판지에 유채, 테세박물관, 르망

17세기 네덜란드에서 왜 바니타스 작품이 등장하였을까? 그것은 어찌 보면 역사적 필연이라 하겠다. 바니타스 정물화를 창시한 대표적인 화가 베일리와 스텐비크는 모두 네덜란드의 레이덴에서 작품활동을 하였다. 이 도시는 인간의 죄성을 강조하고 윤리적 기준이 엄격했던 칼뱅의 신학이 서 있던 중심지였다. 당연히 그림을 주문하던 후원자들도 종래의 성모 마리아 중심의 구교 성화가 아니라 칼뱅의 신학이 드러나는 그림을 선호했다.

잘사는 사람이 많아야 그림이 팔린다. 당시 네덜란드의 산업이 번성하였던 것도 막스 베버Max Waber의 명저인 「프로테스탄트 윤리와 자본주의 정신」 1899에서 칼뱅의 금욕주의와 직업소명설이 서구의 근대자본주의를 이끌어 나갔다고 설파한 것과 맥이 닿는다.

그 당시 유럽을 전체적으로 보면 살기 힘든 시절이었다. 종교개혁 이후 구교의 반종교개혁Counter Reformation으로 신구교 간에 종교상의 신학적 대립에 끝나지 않았고, 30년전쟁1618-1648이라는 가슴 아픈 종교전쟁을 경험했다. 같은 뿌리의 기독교인 간의 종교전쟁으로 네덜란드는 독립을 얻었지만 독일을 비롯한 서구제국이 800만 명에 달하는 사망자를 낸 끔찍한 싸움이었다. 중세의 종교만능시대는 가고 허무와 무상이라는 바니타스가 현세의 본질임을 확인시켜 주었다. 결국 그들은 허무를 넘어 신을 바라볼 수밖에 없었다. 이런 점에서 바니타스 회화Vanitas Painting는 세상을 비관적으로만 보는 쇼펜하우어의 염세주의Pessimism와 신은 죽었다는 니체의 허무주의Nihilism와는 근본적으로 다르다. 칼뱅주의 신학이 반영되고 성서의 교훈을 주제로 한 차원이 높은 성서화이다.

이를 대하고 있으면 허무의 상징인 해골을 비롯한 튤립의 속삭임이 들려서 우리를 숙연하게 한다.

죽지 않고 하늘로 올라간 사람들

성경의 최대 기적 중 하나는 신이 아닌 인간이 자기 삶을 살다가 어느 날 죽지 않고 하늘로 들리어 올라갔다는 기사이다. 성경의 수많은 인물 중 에녹과 엘리야, 이 두 사람만이 죽음을 경험하지 않고 승천했다. 우선 폴란드의 사녹 역사박물관에 있는 〈엘리야와 에녹〉이라는 17세기 이콘을 보면서 성경역사 속의 신비로운 궁금증을 조금이라도 더듬어 볼 필요가 있다.

이콘 속의 좌측에는 황토빛 옷을 걸친 에녹이 머리 주위에 후광을 두른 채 태초의 푸른 동산 앞에 앉아 있고, 우측에는 붉은색 선지자 복장의 엘리야가 말년에 기도하던 호렙산 동굴 어귀에 앉아 있다. 두 사람의 이름은 이콘 위쪽과 두 사람 옆에 명문으로 적어 놓았다. 엘리야 무릎에는 이 이야기가 기록된 성경이 놓여 있으며, 에녹이 왼손으로 그 성경을 가리키고 있다. 동굴 위에는 그릿 시냇가에 있던 엘리야에게 떡과 고기를 나르던 까마귀가 날고 있다. 엘리야는 갈멜산에서 바알과 아세라의 예언자 850명과 대결하여 승리를 거두고 비를 내리게 한 위대한 예언자이다. 예수님이 변화산에서 기도하실 때에 죽은 지 오래된 모세와 엘리야가 나타나 예수와 함께한 모습을 보고 제자들이 심히 두려워했던 일도 있다마 17:1-8.

구약성서 마지막 장에서 말라기 선지자는 "보라 여호와의 크고 두려운 날이 이르기 전에 내가 선지자 엘리야를 너희에게 보내리라"고 예언하여 이스라엘 사람들은 지금까지도 유월절 저녁상에 쓴 나물과 함께 엘리야의 잔에

〈엘리야와 에녹〉, 17세기 이콘, 사녹역사박물관, 폴란드

포도주를 부어 놓고 밤새도록 엘리야가 오시기를 고대하며 창문을 열어 놓고 기다린다.

13세기 북부러시아 이콘에서는 세 마리의 붉은 말이 이끄는 불병거를 타고 엘리야 선지자가 그리스도의 모습이 보이는 하늘나라로 승천하는 광경을 볼 수 있다. 그림 아래 오른쪽에는 엘리야가 물을 가르며 건너던 푸른 요단 강이 있고 왼쪽에는 천사와 그의 영적 후계자인 엘리사가 쳐다보고 있다.

이런 위대한 선지자 엘리야의 승천장면은 영화 속 한 장면같이 생생하다. 스승인 엘리야와 함께 요단 강가를 거닐던 엘리사 앞에 홀연히 불타는 수레와 불말들이 나타나 스승과 자기 사이를 갈라놓더니 엘리야가 자기 눈앞에서 회오리바람을 타고 승천하는 모습을 목도하였다. 그는 놀라 소리쳤다. "엘리야의 하나님은 어디 계시나이까?" 현대에 사는 우리도 반드시 던져 봐야 할 질문이다.

에녹은 어떻게 인류 최초로 하나님과 300년 동안이나 동행하다가 들려 올려질 수 있었을까? 성경에서 에녹은 아들 므두셀라를 낳은 후 300년을 하나님과 동행하며 살다가 하나님이 그를 데려 가시므로 세상에 있지 아니하였더라고 간단하게 기술하고 있어 큰 관심 없이 넘어가기 십상이다.

신비의 한 자락을 성경은 우리에게 귀띔해 주고 있다. 창세기 5장의 아담의 계보를 보면 누가 누구를 낳고 "몇 세를 살다가 죽었더라"고 기록되어 있다. 그러나 에녹의 족보기록은 특이하다. 히브리서에서는 "믿음으로 에녹은 죽음을 보지 않고 옮기웠으니"라고 하였으며, "에녹은 하늘로 옮기우기 전에 하나님을 기쁘시게 하는 자라 하는 증거를 받았다"고 하여 동행과 들려 올려진 원인이 하나님을 기쁘시게 하는 삶을 살았기 때문이라고 밝히고 있다. 그런데 에녹은 어떻게 하나님을 기쁘시게 하였을까? 이에 대하여 유다서에서는 그가 세상 끝 날에 "경건치 않게 행한 모든 경건치 않은 일과 또 경건치 않은

〈선지자 엘리야의 승천〉, 북부러시아 이콘, 13세기 후반

죄인을 정죄하는" 심판을 예언하며 살았다고 밝히고 있다^{유 1:14-16}.

에녹은 무슨 심판에 대하여 예언을 하여 하나님을 기쁘시게 하고 동행하는 삶을 살았을까? 에녹은 65세에 므두셀라라는 이름의 아들을 낳았다. 이 이름은 하나님이 지어 준 이름이다. 히브리어로 '므두'는 '심판하다' 또는 '보내다'이고 '셀라'는 '그가 죽을 때에'라는 뜻을 가지고 있다. 따라서 '므두셀라'는 그가 죽으면 심판이 온다는 의미다. 즉, 에녹은 아들 므두셀라가 죽는 날에는 이 땅에 심판이 임한다는 사실을 알았다. 실제로 계산해 보면 므두셀라가 969세를 살고 죽은 해는 그의 손자 노아가 600세가 된 해로서 대홍수 심판으로 노아의 가족을 제외한 모든 사람이 멸망한 해였다^{창 7:11}. 이러한 종말을 예감한 그는 죄인의 심판과 종말이 임박했음을 세상 사람들에게 예언하며 하나님과 300년간 동행하는 삶을 살았던 것이다.

그렇다면 천국으로 승천할 수 있는 사람은 정녕 에녹과 엘리야 두 사람뿐인가? 성경은 그리스도의 재림이 신약성경에만 331번이나 언급된 분명한 사실이며 주의 재림 시에는 성도들도 하늘에서 맞이하게 된다고 약속하셨다. 성경은 예수 재림을 역사의 클라이맥스인 동시에 마지막 종점을 이루는 한 사건으로 소개하고 있다.

"주께서 호령과 천사장의 소리와 하나님의 나팔소리로 친히 하늘로부터 강림하시리니 그리스도 안에서 죽은 자들이 먼저 일어나고 그 후에 우리 살아남은 자들도 그들과 함께 구름 속으로 끌어 올려 공중에서 주를 영접하게 하시리니 그리하여 우리가 항상 주와 함께 있으리라"^{살전 4:16-17}.

엘리야와 에녹이 승천하는 모습을 그린 성서화를 감상하면서 이 모습이 세상 종말의 때에 나의 모습이 되기를 상상하며 소망한다.

아브라함 블루마르트, 〈선지자 엘리야가 있던 광야 풍경〉, 1610년대. 캔버스에 유채, 72×97㎝, 에르미타쥐 박물관, 상트 페레르부르크

선지자 엘리야는 아합 왕이 이스라엘을 통치하던 시대(BC. 874-853)의 선지자로서 우상인 바알신을 숭배하던 아합 왕에 맞서 3년 동안 비를 내리지 않게 하고 또 갈멜산에서 이방 술객들을 전멸시킨 사건이 본 작품의 배경이다. 네덜란드 화가인 아브라함 블루마르트^{Abraham Bloemaert}의 작품으로 아합 왕의 박해를 피해 요단강 그릿 시냇가에 피신한 장면이다. 여호와는 까마귀를 시켜 떡과 고기를 날라 먹여 주셨다. 이 역사적인 장면의 삽화는 만나기 어려운 유명한 성서화이다.

영혼의 무게 달기

성서화를 찾아 유럽을 여행하다가 고딕 성당인 파리의 노트르담 대성당에 가면 온통 조각으로 가득 찬 정문을 만나게 된다. 이 중앙정문 위쪽의 반원형 팀파눔tympanum에는 최후의 심판 장면이 부조로 장식되어 있다.

3단으로 된 이 조각의 상단 중앙에는 심판자인 예수 그리스도가 좌정해 있고, 양쪽에는 영혼의 구원을 위해 기도하는 성모 마리아와 세례 요한을 나타내는 데이시스Deissis를 배치하고 있다. 하단에는 최후심판의 날에 무덤에서 깨어나는 자들의 모습을 조각하였다. 가운데에는 날개가 있는 미카엘 대천사가 사탄의 우두머리와 나란히 서서 손에 저울을 들고 무덤에서 깨어난 영혼의 무게를 달아 심판하는 천국과 지옥의 장면이 있다.

몇 년 전 스페인을 여행하다가 바르셀로나의 카탈로니아 미술관에서 〈영혼의 무게 달기psychostasia〉란 제목의 작은 제단화 두 장을 만나 지금도 책상머리에 두고 본다. 이 그림은 성 미카엘 성당의 성상대의 부분으로 13세기 후반 소리주에로라의 장인Master of Soriguerola이 패널에 그린 것이다.

노랑 날개에 청색 망토를 입은 미카엘 대천사가 머리에 뿔이 난 검은 옷의 사탄 우두머리와 마주 서서 아치형 지붕에 걸어 둔 천칭평형저울으로 부활한 영혼의 무게를 달고 있다. 악인의 저울 접시에는 마귀가 매달리고 있으나 선한 영혼은 기도하는 자세로 서 있다.

저울이 선한 영쪽으로 기울어져서 천국행이 결정되었다. 작은 아기 천사

〈최후의 심판, 부분〉, 팀파눔 부조, 1220-1230, 노트르담 대성당 중앙 대문, 파리

가 그 영혼을 들어 올려서 오른쪽 천국 문에서 천국열쇠를 들고 있는 베드로 사도에게 인계하여 최후의 심판이 끝나는 모습을 그리고 있다.

중세 교회는 기독교 신자들에게 최후의 심판 날에는 미카엘 대천사가 영혼의 무게를 달아 악한 영혼은 지옥의 유황불 속으로 떨어지지만 선한 영혼은 천국으로 가는 구원을 받는다는 교리를 강조하였다. 이러한 영혼의 무게 달기 도형을 '사이코스타시아'psychostasia라 한다.

성경에는 영혼의 무게를 저울에 다는 이야기가 몇 군데 나온다. 다윗이 지은 시편 62편에는 여호와를 신뢰할 것을 권고하면서 믿음이 없는 자들에게는 '그들을 다 저울에 올려놓아도 입김보다 가벼울 것'이라고 읊고 있다. 또

소리주에로라의 장인, 〈영혼의 무게 달기(부분)〉, 성 미가엘 성당 성상대, 13세기 말, 카탈로니아국립미술관, 바르셀로나

한 지혜문학인 욥기 31장에서 주인공 욥은 '하나님이 내 온전함을 공평한 저울로 달아보시면 내게 흠이 없음을 아실 것'이라고 맹세하고 있다.

이스라엘 민족의 바벨론 포로시대 묵시문학인 다니엘서 5장에도 저울에 무게 다는 이야기가 나온다. 바벨론의 벨사살 왕이 연회를 베푸는데 예루살렘 성전에서 빼앗아 온 성배에 술을 부어 마셨다. 바로 그때에 사람의 손이 나타나 벽에 '메네 메네 데겔 우바르신'이라고 썼다. 다니엘이 이를 해석하였는데 '데겔'은 '임금님이 저울에 달리셨는데 무게가 부족함이 드러났다'는 뜻이었다. 바로 그날 밤에 벨사살 왕은 살해되고 메대 사람 다리오가 그 나라를 차지하였다.

위에서 본 성경 세 군데에 나오는 '저울에 무게 다는 이야기'의 공통점은 최후의 심판과 관련된 사건이라는 점이다. 과연 인간의 영혼은 무게가 있는 것일까?

성경에서 저울에 영혼을 다는 이야기를 보면 최후의 심판 때에 부활한 인간의 영혼을 저울로 달아 천국행과 지옥행을 심판하는 게 아닌가 하는 의구심도 있다. 그러나 성경 어디에도 미카엘 대천사가 저울을 들고 영혼의 무게를 잰다는 근거는 없다. 천국에 가려면 영혼이 무거워야 하는지 가벼워야 하는지 그 기준도 분명하지 않다. 실제 제단화와 교회 조각에서 보면 고딕양식 도상에서는 선한 영혼은 무거워 접시가 아래로 내려오고 저주받은 영혼의 접시가 위로 올라간다. 폴란드의 그단스크 국립미술관이 소장하고 있는 15세기의 한스 멤링Hans Memling의 세 폭 제단화인 〈최후의 심판〉에서도 공작새의 날개를 한 미카엘이 든 심판 저울의 기울기는 13세기의 그림이나 조각과는 반대 방향으로 선한 영혼이 무거워 보인다.

중세에 왜 사이코스타시아 도상이 생겨나 성당 건물과 제단화에 저울을 든 무서운 재판 장면이 등장한 것일까? 학자들 간에는 대체로 두 가지의 이유를 들고 있다. 하나는 종말론 사상이 세상을 휩쓸던 AD 1000년 전후의 유럽 상황과 12~13세기의 전쟁과 기근과 페스트 등의 위기의식이 최후의 심판이란 모티브로 확장됐다는 것이고, 또 하나는 신 중심의 중세 기독교 사회에서 교회가 기독교 신자들을 통제하고 관리하는 데 있어서 강력한 공공의 시각장치였다는 것이다.[1]

저울은 고대 이집트나 로마 그리스 시대에도 정의와 공평의 상징으로 나

---

1. 박성은, 「플랑드르 사실주의 회화」(서울 : 이화여자대학교 출판부, 2008), p. 202.

타나고 있다. 성경에서의 저울의 의미도 하나님은 저울에 달듯이 우리의 모든 행위를 판단하신다는 뜻이며, 욥도 공평한 저울에 달려서 정확하게 판단받으며 살기를 원한다는 말일 뿐이라는 것이다.[2]

    나의 영혼의 무게는 얼마나 될까? 그간 미국과 스웨덴의 병원에서 실제 검증했다는 기사도 있었고 2003년 개봉된 영화 〈21그램〉에서는 영혼의 무게가 21그램이라고 하였지만 그 근거가 분명하지도 않다. 세계적인 경제위기와 정신적 불안에 떠는 현대인들과 영화와 소설에 변함없는 모티브가 되는 종말론이지만 그리스도를 믿는 우리에게 주님의 재림은 기다림이요, 우리의 소망이다.

---

2. 박윤선, 「성경주석 욥기 전도서 아가서」(서울 : 영음사, 1984), p. 298.

한스 멤링, 〈최후의 심판〉, 세 폭 제단화, 1466−1473. 패널에 유채, 그단스크 국립박물관, 폴란드.

도메인

⟨성서화는 종교개혁 이전의 그림성경이다⟩

https://commons.wikimedia.org/wiki/Category:Luther_Bible

The beginning of the Gospel of John from a copy of the 1526 edition of William Tyndale's New Testament at the British Library, Public Domain

Rebecca and Eliezer at the Well, (detail) the *Vienna Genesis*, early 6th century, tempera, gold and silver on purple vellum, Vienna Austrian National Library, Vienna, From Wikimedia Commons

Jean Pucelle, *Crucifixion of Jesus*, The Hours of Jeanne d'Evreux. 1325-1328, Metropolitan Museum, New York, From Wikimedia Commons

Hunt of the Unicorn Annunciation, Hours of the Virgin and Utrecht, *Netherlands, Utrecht*, ca.1500, Morgan Library and Museum, New York

⟨성서화는 말씀을 경험하는 데 유익하다⟩

Anonymous, *God as Geometer*, The Frontispiece of Bible, circa 1220-1230. illumination on parchment, 34.4×26cm, Austrian National Library, Vienna, From Wikimedia Commons

Jean Fouquet, *The Descent from the Cross*, miniature from the Hours of Etienne Chevalier, circa 1452-1460. illumination on parchment, 16.5×12cm, Musée Condé, Chantil, From Wikimedia Commons

Harmen Steenwyck, *Still Life:An Allegory of the Vanities of Human Life*, 1640. oil on oak panel, The National Galley, London

The new Jerusalem, *Facundus*, 1047. Illuminationon parchment, 297×240mm, Madrid, Biblioteca Nacional, Public Domain

1장 인간으로 오심을 그리다

〈젖을 먹고 있는 아기 예수〉

Leonardo da Vinci, *Madonna Litta*, c.1490, Tempera on canvas, 33×42cm, Hermitage Museum, Saint Petersburg

Ambrogio Lorenzetti, *Suckling Madonna*, Tempera on wood, Palazzo Arcivescovile, Sien

Amesbury Psalter by English Miniaturist, created in 1240s. illumination on parchment

Jan Gossaert van Mabuse, *The Adoration of the Kings*, oil on oak, National Gallery, London, From Wikimedia Commons

〈동방박사 수수께끼〉

Sassetta, *The Journey of the Magi*, circa 1432-1436, tempera on wood, 21.3×29cm, New Yourk City, Metropolitan Museum of Art

Jan Gossaert van Mabuse, *The Adoration of the Kings*, oil on oak, National Gallery, London, From Wikimedia Commons

Altar of Santa Maria Mosoll, From Wikimedia Commons

〈기다림-내가 진실로 속히 오리라〉

Annunciation(Merode Altarpiece), Robert Campin and Workshop, 1427-1432, 64.5×117.8cm, Metropolitan Museum of Art, The Cloisters, New York, From Wikimedia Commons

Paolo de Matteis(1662-1728), *The Annunciation*, 1712. oil on canvas, Saint Louis Art Museum, From Wikimedia Commons

Hieronymus Francken (II) (1578-1623), *The Last Judgment*, circa 1605-1610. color on oak panel, 47×32cm Residenzgalerie, Salzburg, Austria, From Wikimedia Commons

〈엄마 간지러워요〉

Masaccio, *Madonna and Child*, c.1426. tempera on panel, Galleria degli Uffizi, Florence, From Wikimedia Commons

Raphael(1483-1520), *The Holy Family*, Louvre, From Wikimedia Commons

⟨검은 성모에 목말 탄 아기⟩

Paul Gauguin, *IA ORANA MARIA/Hail Mary*, 1891-1892. oil on canvas, Metropolitan Museum of Art, New York, From Wikimedia Commons

Michelangelo, *Doni Madonna*, oil and tempera on panel, Uffizi, Florence, From Wikimedia Commons

Paul Gauguin, *The Yellow Christ?*, 1889. oil on canvas, 92.1×73cm, Albright-Knox Art Gallery, Buffalo, New York, From Wikimedia Commons

Paul Gauguin, *Where do we come from? Who are we? Where are we going?* 1897, From Wikimedia Commons

⟨플러스⟩

Icon of Salus Populi Romani, perhaps the oldest Marian imag in the Santa Maria Maggiore Basilica in Rome, From Wikimedia Commons

the story of Jacob, Vienna Genesis, the first half of the 6th Century. silver ink on calfskin parchment Vienna Austrian National Library, From Wikimedia Commons

제2장 예수와 함께한 이들

⟨피난길의 동행자⟩

GIOTTO di Bondone, *Flight into Egypt*, 1304-1306, Fresco, 200×185cm, Cappella Scrovegni, Padua, Public Domain

Russian icon of the Flight into Egypt(17th) From Wikimedia Commons

Duccio di Buoninsegna(1260-1318), *The Flight into Egypt*, Maesta, Altar of Siena Cathedral, 1308-1311. tempera on panel, 42.5×44cm, Museo dell'Opera metropolitana del Duomo, sienna, From Wikimedia Commons

⟨누가 바람을 본 적이 있는가?⟩

Frans Francken the Younger, *Christ and Nicodemus*, circa 1610, color on oak panel, 30×36cm, Kunst historisches Museum, Vienna, From Wikimedia Commons

Alexander Andreyevich Ivanov, *Jesus and Nicodemus*, c.1850, State Tretyakov Gallery, Moscow, From Wikimedia Commons

Titian(1490-1576), *The Burial of Christ*, 1559, oil on canvas, Prado Museum, Madrid, From Wikimedia Commons

〈석양에 어깨동무해 주는 친구〉

Egyptian Unknown Masters, *Detail from a panel representing Christ and the Abbot Menas*, from the Bawit monastery. 6century icon. painting on wood panel, 57×57cm, Musee du Louvre, Paris, From Wikimedia Commons

Paolo Veronese(1528-1588), *Martyrdom of Saint Menas*, circa 1580, 148×182cm, Prado Museum, From Wikimedia Commons

〈뱀들아 독사의 새끼들아〉

James Tissot, *Woe unto You, Scribes and Pharisees*, Brooklyn Museum, From Wikimedia Commons

Giotto(1266-1337), *Expulsion of the Money-changers from the Temple*, fresco, Scrovegni Chapel, From Wikimedia Commons

〈플러스〉

Shows Christ in vesica shape surrounded by the 'animal' symbols of the four evangelists. Codex Bruchsal, circa 1220, Public Domain(Wikimedia Commons)

Unknown Artist, Christ In Majesty, Codex Aureus of Lorsch, c778-820, Lorsch Abbey, Germany, From Wikimedia Commons

3장 성경의 여인들

〈사랑을 찾아 먼 길을 온 처녀 리브가〉

Bartolome Esteban Murillo, *Rebeca and Eliezer*, 2nd third of 17th century, oil on canvas, 107×171cm, Museo del Prado, Madrid, From Wikimedia Commons

Benjamin West, *Isaac's servant tying the bracelet on Rebecca's arm*, 1775, Yale center for British Art, From Wikimedia Commons

REBECCA, Official Medal, 2007/5768, Second in the "Mothers in the Bible" Medal Series, Israel Coins & Medals Corp.(http://www.israelmint.com)

〈입다의 딸, 그 슬픈 사연〉

Giovanni Antonio Pellegrini, *Return Jephthah*, canvas, 122×99cm, collection Denis Mahon, London, From Wikimedia Commons

Maitre Francois, Jephthah, *returning from victory meets his daughter and rends his clothes* c.1475-1480. Miniature, From Augustinse's "La Cite de Dieu", manuscript "Den Haag

Hieronymus Francken(III), *Flemish painter Jephthah meets his daughter*, after 1661, oil on copper, From Wikimedia Commons

〈춤추는 여인들 보쌈하기〉

A Levite and his wife are given lodging in the city of Gibeah, Maciejowski_leaf, c.1250. The Pierpont Morgan Library New York, From Wikimedia Commons

Benjamite take women of Shiloh as wives. The Morgan Bible, 1240's or 50's, The Pierpont Morgan Library New York, From Wikimedia Commons

Michiel van der BORCH; illuminated miniature on vellum from Jacob van Maerlant's Rhimebible of Utrecht, Koninklijke Bibliotheek, The Hague

〈당신이 바로 그 사람이라〉

Englebert_Fise(1655-1733), *Nathan reproaches David*, Museum of Art and Archaeology, Senlis, From Wikimedia Commons

Hans Memling, *David and Bathsheba*, detail, c.1484. oil on wood, Staatsgalerie, Stuttgart, German, From Wikimedia Commons

Jan Matsys(1509-1575), *David and Bathsheba*, 1562. 162×197cm, Louvre Museum, From Wikimedia Commons

〈내 사랑 너는 어여쁘고도 어여쁘다〉

Gustave Moreau(1826-1898), *Song of Songs*, 1893. watercolor on paper, 387×

208mm, Ohara Museum of Art, KurashikI, From Wikimedia Commons

Symbols of Mary: Tower of David, from 'Speculum humanae salvationis', Museum Meermanno Westreenianum, The Hague, http://www.meermanno.nl/

Sandro Botticelli, *Sandro Botticelli-The Virgin and Child*(The Madonna of the Book), 1480. Museo Poldi Pezzoli, Milan, Italy, From Wikimedia Commons

Franz Pforr, *Shulamit and Mary*, oil on panel, From Wikimedia Commons

〈딸이 태어났을 때 받는 축복〉

Mazal Tov, A Girl State Medal, Israel Coins & Medals Co. http://www.israelmint.com

Juan Antonio de Frias y Escalante, Spanish painter, *Prudent Abigail*, 1667. oil on canvas, 113×152cm, Prado Museum, Madrid, From Wikimedia Commons

William Dyce(1806-1864), Jacob meets Rachael at the well, early-mid 19th century, From Wikimedia Commons

Esther and Ahasverus, The Northern French Hebrew Miscellany, Northern France, c.1277-86. British Library, London, From Wikimedia Commons

4장 선택받은 구약의 인물들

〈그분은 육식을 좋아하시는지-아벨〉

Rubens, Peter Paul, *Cain slaying Abel*, Courtauld institute of Art Gallery, London, public domain, From Wikimedia Commons

William-Adolphe Bouguereau, *The First Mouring, Adam and Eve mourn the death of Abel*, Museo Nacional de Bellas Artes, Buenos Aires, Argentin, From Wikimedia Commons

Theophanes the Greek(ca.1340-1410), *Patriarch Abel*, fresco, 1378, Church of the Transfiguration, Veliky Novgorod, From Wikimedia Commons

〈할아버지는 위대하다-야곱〉

Jacob blesses Ephraim and Manasseh, The Morgan Bible also called the Maciejowski Bible, the northern counties of France, ca. 1250. The Pierpont

Morgan Library, New York, From Wikimedia Commens

Jacob blesses Ephraim and Manasseh, *the Vienna Genesis*, early 6th century, tempera, gold and silver on purple vellum, Vienna Austrian National Library, Vienna, From Wikimedia Commons

Rembrandt(1606-1669), *Jacob Wrestling with the Angel*, circa 1659, oil on canvas 137×116cm, Gemaldegalerie, Berlin, From Wikimedia Commons

〈태양아 중천에 멈추어라-여호수아〉

John Martin(1789-1854), *Joshua Commanding the Sun to Stand Still*, 1848, Oil in canvas, 151×264cm, Kirklees Museums and Galleries, From Wikimedia Commons

Benjamin West(1738-1820), *Joshua passing the River Jordan with the Ark of the Covenant*, 1800, oil on wood, 677×895mm, Art Gallery of New South Wales, Sydney, From Wikimedia Commons

Attributed to Colin Nouailher, *Joshua as one of the Nine Worthies*, Painted Limoges enamel plaque, middle 16th century. Diam. 21cm, Louvre Museum, From Wikimedia Commons

〈싹이 나고 꽃이 핀 지팡이-아론〉

The rod of Aaron, The Northern French Miscellany, 1277-1286, British Library, e-catalogues

Aaron as High Priest and menorah, The Northern French Miscellany, British Library, London, e-catalogues

Sandro Botticelli, *The Punishment of Korah*, fresco, 1481-1482, 348.5×570cm, Cappella Sistina, Vatican, Public Domain

Gerard Hoet, *Moses shows Aaron's flowering rod to the community*, LaHaye Bible, Hague, 1728, engraving, Universtiy of Oklahoma, http://www.biblical-art.com/

〈밤낮으로 눈을 뜨시고 살펴주소서-솔로몬〉

Giuseppe Cades, *The Judgement of Solomon*, late 18c. Royal Academy of Arts, London, From Wikimedia Commons

Luca Giordano, *Dream of Solomon*, c.1693. 245×361cm, Prado Museum, From Wikimedia Commons

Isaak Asknaziy(1856–1902), *Vanity of vanities; all is vanity*, 19th century, From Wikimedia Commons

5장 구원과 섭리의 순간들

〈우물가의 여인처럼 난 구했네〉

Joseph Mallord William Turner, *Christ and the Woman of Samariac*. 1830, Oil painting on Canvas, 145.5×237.5cm, THE TATE GALLERY, LONDON

Mihaly Munkacsy(1844–1900), *Christ in front of Pilate*, 1881. oil on canvas, 417×636cm, Deri Museum, Debrecen, From Wikimedia Commons

Angelica Kauffman(1741–1807), *Christ and the Samaritan woman at the well*, 1796, oil on canvas, 123.5×158.5cm, The Neue Pinakothek, Munich, Germany, From Wikimedia Commons

〈거기 너 있었는가 그때에〉

Rogier van der Weyden, *The Descent from the Cross*, c. 435, oil on oak panel, 220×262cm, Museo del Prado, Madrid, From Wikimedia Commons

Giotto, *Lamentation(The Mourning of Christ)*, Cappella degli Scrovegni, Padua, Public Domain

Peter Paul Rubens, *The Descent from the Cross*, 1617–1618, 425×295cm, Palais des Beaux-Arts de Lille, Photo taken by Remi Jouan, From Wikimedia Commons

〈피에타를 만나다〉

Michelangelo Buonarroti, *Pieta*, 1498–1499, St Peter's Basilica, Wikimedia Commons

Enguerrand Quarton, *Pieta of Villeneuve-les-Avignon*. Oil on wood, 1456–1457, 163×219cm, Musee du Louvre, From Wikimedia Commons

⟨삽을 든 정원사 예수⟩

Jan Brueghel the Younger. *Noli me tangere*. c.1630. Oil on canvas. Musee Historique Lorrain, Nancy, France

Correggio, *Noli Me Tangere*, c.1525, oil on canvas, 130×103cm, Museo del Prado, Madrid, From Wikimedia Commons

⟨나뭇가지 마법사⟩

Illustrator of Petrus Comestor's 'Bible Historiale', France, 1372, Jacob puts peeled rods in the animals' drinking troughs, Miniature, Museum Meermanno Westreenianum, The Hague

William Blake(1757-1827), Jacob's Dream, 1805, pen and ink and water color, 37.0×29.2cm, British Museum, London, From Wikimedia Commons

⟨플러스⟩

Mosaic of the Transfiguration, in the apse above that altar at St. Catherine's Monastery on Mt. Sinai, c.550. From Wikimedia Commons

A mosaic from Daphni Monastery in Greece, ca.1100, *showing the midwives bathing the new-born Christ*, From Wikimedia Commons

6장 죄와 허물의 알레고리

⟨원죄의 굴레⟩

Pieter Coecke van Aelst, *God Accuses Adam and Eve after the Fall*, tapestry in a set of The Story of Creation. ca. 1548. Brussels, Wool, silk and gilt metallic thread, 479×700cm, Florence Institutes Museum of Superintendence for the State Museums of Florence

Pieter Coecke van Aelst-Detail of Eve, from *God Accuses Adam and Eve after the Fall*, circa 1548, Florence Institutes Museum of Superintendence for the State Museums of Florence.

Original sin, c.950-955. Illumination on parchment, San Lorenzo de El Escorial, El Escorial, From Wikimedia Commons

Peter Paul Rubens(1577-1640) and Jan Brueghel the Elder(1568-1625) Figures by Rubens, landscape and animals by Brueghel (I), *The garden of Eden with* the fall of man, circa 1615. oil on panel, 74.3×114.7cm, Royal Picture Gallery Mauritshuis, The Hague, From Wikimedia Commons

〈에덴의 동쪽〉

James Tissot, *Cain Leadeth Abel to death*, From Wikimedia Commons

Islamic miniature artist, A depiction of Cain burying Abel from an illuminated manuscript version of *Stories of the Prophets.*, d.427 A.H. From Wikimedia Commons

〈모든 것이 헛되도다〉

Harmen Steenwyck, *Still Life : An Allegory of the Vanities of Human Life*. 1640. oil on oak panel, The National Galley, London, From Wikimedia Commons

David Bailly, *Self-Portrait with Vanitas Symbols*, 1651. oil on wood panel, Stedelijk Museum de Lakenhal, Leiden, From Wikimedia Commons

Philippe de Champaigne, *Still-Life with a Skull*, c.1671, oil on panel, Musee de Tesse, Leman, From Wikimedia Commons

〈죽지 않고 하늘로 올라간 사람들〉

Elijah and Enoch, 17th century icon, Historic Museum in Sanok, Poland, From Wikimedia Commons

The Ascent of Prophet Elijah, a northern Russian icon, late 13th century, From Wikimedia Commons

Abraham Bloemaert, 1564-1651, *Landscape with the Prophet Elijah in the Desert*, 1610s. oil oncanvas, 72×97cm, Hermitage Museum, Saint Petersburg, From Wikimedia Commons

〈영혼의 무게 달기〉

Tympanum of the last Judgement, Cathedrale Notre-Dame de paris:partail central, From Wikimedia Commons

Mestre de Soriguerola, Psicostasi, Taula de sant Miquel, III, mUSEU Nacional D'Artde Catalunya, Barcelona

Hans Memling(1433-1494), *The Last Judgment*, Triptych, c.1466-1473, oil on panel, National Museum, Gdansk, From Wikimedia Commons

참고문헌

국내도서

국립현대미술관. 「합스부르크 왕가 컬렉션, 비엔나 미술사박물관전」. 2007.
김철손. 「성서주석 50 요한계시록」. 서울:대한기독교서회, 2010.
김태규. 「시집, 영혼의 무지개」. 서울:성광문화사, 1998.
박성은. 「플랑드르 사실주의 회화」. 서울:이화여자대학교 출판부, 2008.
박수암. 「신약주석 요한계시록」. 서울:대한기독교출판사, 1991.
박윤선. 「정암 박윤선의 요한계시록 강해」. 수원:도서출판 영음사, 2014.
박윤선. 「성경주석 창세기 출애굽기(권1)부터 욥기 전도서 아가서(권8)」. 서울:영음
  사, 1981.
박창환. 「신약성경해설」. 서울:대한예수교장로회총회출판국, 1990.
성종현. 「신약총론」, 서울:장로회신학대학 출판부, 1991.
안춘근 윤형두. 「눈으로 보는 책의 역사」. 서울:범우사, 1998.
오우성. 「요한계시록 이야기」. 서울:대한기독교서회, 2013.
이광주. 「아름다운 지상의 책 한권」. 서울:한길아트, 2001.
장경철. 「흔적신학」. 서울:더드림, 2014.
장긍선. 「이콘-신비의 미」. 서울:기쁜 소식, 1993.
전택부. 「양화진 외인 열전, 이 땅에 묻히리라(4쇄)」. 서울:홍성사, 1990.
한국기독교박물관. 「서양인이 본 근대전환기의 한국 한국인, 영천 강정훈 기증문고를
  중심으로」. 숭실대학교 한국기독교박물관, 2012.

번역도서

로사 조르지. 권영진 옮김. 「성인 이야기, 명화를 만나다」. 서울:예경, 2006.
마이클콜린스, 매튜 A. 프라이스. 김승철 옮김. 「사진과 그림으로 보는 기독교 역
  사」. 서울:시공사, 2011.
스테파노 추피. 정은진 옮김. 「신약성서, 명화를 만나다」. 서울:예경, 2006.

앙드레그라바. 박성은 옮김. 「기독교 도상학의 이해」. 서울:이화여자대학교출판부, 2007.
움베르토 에코. 이현경 옮김. 「미의 역사」. 서울:열린책들, 2005.
잰슨 H.W.. 이일 편역. 「서양미술사」. 서울:미진사, 1992.
크리스토퍼 히버트. 한은경 옮김. 「메디치가 이야기」. 서울:생각의 나무, 2001.
칼릴 지브란. 박영만 옮김. 「사람의 아들 예수」. 고양:프리월 출판사, 2013.
키아라 데 카포아. 김숙 옮김. 「구약성서, 명화를 만나다」. 서울:예경, 2006.
폴 존슨. 김주환. 「2천 년 동안의 정신 I, II, III」. 서울:살림, 2005.
프리드리히 니체. 백승연 옮김. 「니체전집 15, 이 사람을 보라」. 서울:책세상, 2012.

외국문헌

Amanda O'neill, Historical Facts, *Biblical Times*, Crescent Books, Avenel, New Jersey, 1992.

Albert Skira, *The Great Centuries of Painting*, GOYA TO GAUGUIN. Skira, New York, 1959.

Alexander J.J.G. *The Master of Mary of Burgundy*, A Book of Hours, TheBodleian Library, Oxford, 1970.

A. Hyatt Mayor. *Rembrandt and the Bible*, The Metropolitan Museum of Art, New York, 1978.

Bernard Meehan, *The Book of Durrow*, Town House, Dublin, 1996.

Bernard Meehan, *The Book of Kells*, Thames & Hudson, London, 1994.

British Museum, *British Museum Guide*, British Museum Publications Ltd. 1980.

Bruce James, Art Gallery of New South Wales Handbook, Art Gallery NSW, 1999.

Carlo Volpe, *Early Christian To Medieval Painting*, Paul Hamlyn, London, 1962.

Cesare Brandi, *Pietro Lorenzetti*, Esemplare N. 954, Pirelli S.P.A., Milano, 1957.

Chiara de Capoa, *Old Testament Figures in Art*, The J. Paul Getty Museum, Los Angeles, 2003.

Christopher De Hamel, *A History of Illuminated Manuscripts*, Phaidon, 2001.

Dmitrii Vladimirovich Sarabianov, *Russian and Soviet Painting*, The Metropolitan Museum of Art, 1977.

Dorothy Childs Hogner, *The Bible Story*, Oxford University Press, London, 1943.

Elsie E. Egermeier, *Bible Story Book*, The Warner Press, Indiana, 1947.

Francastel P. *Medieval Painting*, Dell Publishing Co., 1967.

Francois Avril, *Manuscript Painting At The Court Of France*, GeorgeBraziller, New York, 1978.

Frederick Hartt, *Michelangelo Buonarroti*, Harry N. Abrams, INC., New York, 1964.

Gabriel Bise, *The Illuminated Naples Bible*, Crescent Books, New York, 1979.

Gabrielle Sed Rajna, *Bible Hebraique*, Office du Livre, Fribourg, Switzerland, 1987.

Hyatt Mayor A. *Rembrandt and the Bible*, The Metropolitan Museum of Art, New York, 1978.

James Harpur, *Revelations, The Medieval World*, A. Henry Holt Book, New York, 1995.

James Thorpe, *The Gutenberg Bible*, Huntington Library, San Marino, 1998.

Janet Backhouse, *The Illuminated Page*, Ten Centuries of Manuscript Painting, The British Library, 1997.

Janet Backhouse, *Lindisfarne Gospels*, Phaidon, Oxford, 1986.

Janson H.A. *History of Art*, New York : Harry N. Abrams, Inc., 1997.

Jean Bloch Rosensaft, *Chagall and The Bible*, The Jewish Museum, New York, 1987.

John La Farge, *The Gospel Story in Art*, The Macmillan Company, 1926.

John Plummer, *The Hours of Catherine of Cleves*, George Braziller, New York, 1964.

John Rogerson, *Atlas of The Bible*, Facts On File, New York, 1991.

Joseph Gutmann, *Hebrew Manuscript Painting*, George Braziller, New York, 1978.

Kenneth Barker, *The NIV STUDY BIBLE*, ZondervanPublishingHouse, MI, 1995.

Louver, *The Louvre*, La Reunion des Musees Nationaux, Paris, 1996.

Maurice Berger and Joan Rosenbaum, *Masterworks of The Jewish Museum*, The Jewish Museum, New York, 2004.

Meyer Schapiro, *The Language of Forms*, Lectures on Insular Manuscript Art, The Pierpont Morgan Library, 2005.

Patricia A. Pingry, *The Story of The Bible*, Ideals Publication Incorporated,

Nashville, Tennessee, 1998.
Philippe de Montebello, *Masterpieces of The Metropolitan Museum of Art*, The Mtropolitan Museum of Art, New York, 1993.
Rosa Giorgi, *Saints in Art*, The J. Paul Getty Museum, Los Angeles, 2002.
Rowena Loverance, *Christian Art*, The British Museum Press, 2007.
Sir Lawrence Gowing, *A Biographical Dictionary of Artists*, Fact On File, Inc. New York, 1995.
Stefano Zuffi, *Gospel Figures in Art*, The J. Paul Getty Museum, LosAngeles, 2003.
Thames and Hudson, *National Gallery of Art Washington*, National Gallery of Art, 1992.
The State Hermitage Museum, *The Hermitage*, Selected Treasures from a Great Museum, 1990.
Thomas Bensley, *Holy Bible*, 2 Vols. Bowyer Fitler, London, 1795.
Turner D. H., *The Hastings Hours*, Thames and Hudson, London, 1983.

정기간행물과 주요 웹 자료

Smithsonian, September 1991-April 1997, 67 Vols., the SmithsonianAssociates, Washington, D. G

The Metropolitan Museum of Art Bulletin, Fall 1979-Summer 2016, 97 Vols., The Metropolitan Museum of Art, New York

http://blog.naver.com/yanghwajin 강정훈 성서화 라이브러리

http://www.biblical-art.com/

https://commons.wikimedia.org/wiki/Main_Page

https://en.wikipedia.org/wiki/Main_Page

http://www.israelmint.com

https://en.wikipedia.org/wiki/North_French_Hebrew_Miscellany

http://katoliki.livejournal.com/660816.html

http://www.biblestudytools.com/commentaries/wesleys-explanatory-notes/

enews@email.nypl.org : The New York Public Library

infolettre_gallica@bnf.frBibliotheque nationale de France

manuscripts@moleiro.es M. Moleiro Spain

metropolitanmuseum@email.metmuseum.org

그림으로 보는 바이블 드라마

천년의 신비,
성서화

초판발행 2016년 11월 10일
3쇄발행 2018년 4월 15일

지 은 이 강정훈
펴 낸 이 채형욱
펴 낸 곳 한국장로교출판사
주   소 03129 / 서울 종로구 대학로 19, 409호(연지동, 한국기독교회관)
전   화 (02) 741-4381 / 팩스 741-7886
영 업 국 (031) 944-4340 / 팩스 944-2623
등   록 No. 1-84(1951. 8. 3.)

ISBN 978-89-398-4154-3 / Printed in Korea
값 13,000원

편 집 장 정현선
교정·교열 원지현, 이우진   **표지·본문디자인** 최종혜
업무부장 박호애   **영업부장** 박창원

※ 이 출판물은 저작권법에 의해 보호를 받는 저작물이므로 무단전재와 무단복제를 할 수 없습니다.